날로먹는 漢字

원종호 지음 · 김복태 그림

| 추천사 |

쉽고 재미있는 漢字 학습서

　우리는 漢字를 학습하기 전에 먼저 왜 漢字를 배워야 하는지를 분명히 아는 것이 매우 중요하다.

　왜냐하면 지금 미국에서도 약 2400개 학교에서 漢字를 배우고 있는데, 그것은 중국을 알기 위함이고, 중국어를 배우기 위함이고, 따라서 부득이 漢字를 학습하지 않을 수 없는 것이다.

　그러나 한국에서 漢字를 배우는 것은 중국어 학습은 차후 문제이다. 우리는 일차적으로 우리말의 70% 이상의 어휘가 漢字로 되어 있기 때문에 우선 국어를 올바로 알고 말하기 위하여 漢字를 배워야 한다.

　우리말의 어휘는 고유어와 漢字語로 되어 있기 때문에 '하늘·땅·먹다' 등 고유어만이 우리말이 아니라, '사기·부친·국가' 등 漢字語도 분명히 우리말이다. 왜냐하면 '國家'를 '국가'라고 발음하고 '나라'라는 뜻으로 서로 소통하는 나라는 한자 문화권에서도 우리나라뿐이다. 그러므로 '국가(國家)'도 우리말이다.

　고유어는 한글만으로 해결할 수 있지만, 漢字語인 '사기'는 한글로

썼을 때 그 의미를 알 수 없다. 왜냐하면 '사기'의 동음이의어가 국어사전에 20여 가지가 있으니 한글로는 해결할 수 없다. 다시 말해서 한자로 '史記·士氣·砂器·詐欺…' 등으로 써 놓아야 그 뜻을 구별해서 알 수 있다.

그러므로 우리말의 문자 활동은 반드시 한글과 漢字를 함께 써야 완벽한 국어 생활을 할 수 있다.

따라서 우리나라에서는 한글만이 國字가 아니라, 漢字도 國字라는 올바른 인식을 해야 한다. 이렇게 인식이 될 때 왜 漢字를 배워야 되는가를 스스로 깨닫고 스스로 배우게 될 것이다.

《날로 먹는 漢字》는 우리말 곧 國字로서 漢字를 배울 수 있도록 저자가 오랫동안 심혈을 기울여 연구한 생활의 학습서이다.

이 책의 두드러진 특징은 학습자가 우선 수불석권(手不釋卷)의 재미를 가지고 익힐 수 있도록 매 글자마다 그림으로써 풀이한 것이다.

또한 이 책은 오늘날 시중에 쏟아져 나오는 제멋대로의 불확실한 자원풀이를 피하고, 우선 학습자가 재미있게 빨리 익힐 수 있도록 저자 자신의 예리한 감각으로 풀이하였다.

학습자들을 위하여 저자가 공학도로서 일반적인 한자 학습서와 달리 흥미 위주로 제작했다고 밝힌 솔직함의 겸허함이 매우 마음에 들어 독자들에게 일독을 추천하는 바이다.

陳 泰 夏

인제대학교 석좌교수
전국한자교육추진총연합회 이사장

| 머리말 |

 사실 나는 대학에서 건축학을 전공하였고, 자원학(字源學)을 비롯하여 한자 공부와는 거리가 먼 사람입니다. 학창 시절도 한글 전용 세대였기 때문에 한자를 체계적으로 제대로 배우지를 못하였습니다. 기껏해야 손으로 무작정 한자를 쓰면서 공부한 것이 전부입니다.
 그런데 회사 일로 가족과 함께 해외에서 10년 이상 근무하다 보니 아이들이 학교에서 영어로 공부를 하지만 우리말을 배울 기회가 적어서 고민이 되었습니다. 특히 한자로 이루어진 우리말을 어려워하였습니다. 아이들이 한자를 익힐 책을 찾다가 목마른 사람이 우물을 판다고, 결국 내가 다시 한자 공부를 하면서 직접 아이들에게 한자를 가르치기 시작하였습니다. 그 과정에서 나름대로 한자 공부 방법을 정리한 것이 이 책입니다.

 한자는 어떤 의미에서는 상형문자라기보다 반쪽짜리 소리글자라고 생각하면 됩니다.
 처음에는 모양을 형상화한 상형(象形)문자들을 만들었지만, 사회가 발전하면서 다양한 어휘가 폭발적으로 늘어나자 뜻을 나타내는 부분과 음을 나타내는 부분을 조합하여 형성(形聲)문자를 만들어 쓰게 되었습니다. 현재 사용하는 한자의 70% 이상이 형성문자에 해당됩니다.
 한자의 대부분을 차지하는 형성문자는 음이 같거나 비슷한 글자들끼리 함께 묶어 놓고, 그 글자들끼리 비교하면서 공부하면 한자의 음을 쉽게 읽을 수 있는 이점이 있습니다. 사람의 두뇌는 비슷한 음들을 유추할 수 있는 수평적 사고 능력을 가지고 있기 때문입니다. 다만 이 책에서는 사람의 뇌가 별 무리 없이 유추할 수 있는 음의 범위를 '초성, 모음, 받침'에서 하나만 바뀐 경우로 한정하였습니다.

이 책은 한자를 모르는 어린이들을 대상으로 한 것이 아닙니다. 오히려 한자를 단편적으로나마 어느 정도 알고 있는 청소년 이상의 학생이나 성인들이 한자를 쉽게 공부할 수 있도록 만든 책입니다.

한자를 전혀 모르는 어린이들은 만화를 이용한 한자 책을 통해 한자에 흥미를 가지게 하는 것이 더 바람직할 것입니다. 그러나 수준이 올라가면 비슷비슷한 한자들이 나오기 때문에 그 글자들을 눈으로만 외우기는 힘들어지므로 보다 체계적인 학습 방법이 좋습니다.

끝으로 이 책을 만드는 데 많은 조언을 해 준 아내와 두 딸에게 고마움을 전합니다. 또한 쉽고 재미있는 한자 공부에 도움 되는 그림들을 그려 주신 김복태 선생님과 에디터출판사에 깊은 감사를 드립니다.

원종호

| 이 책의 구성과 특징 |

산의 정상에 오르는 방법은 다양합니다

산의 정상에 오를 때 어떤 사람은 산길을 이용하여 힘들게 오르고, 어떤 사람은 케이블카를 타고 쉽게 오릅니다.

여러분이 오르고자 하는 산의 정상, 즉 목적이 한자의 학문적인 연구라면 이 책은 적절하지 않습니다. 이 책은 한자를 학문적으로 서술한 책이 아니기 때문입니다.

그러나 여러분이 오르고자 하는 산의 정상, 즉 목적이 한자를 쉽게 기억하고 실생활에 적용하는 것이라면 바로 이 책이야말로 여러분이 찾던 책입니다.

이 책에서는 한자의 학문적인 면을 강조하기보다는 한자를 쉽게 기억할 수 있도록 하는 데 우선을 두었습니다.

한 예로, 다음 한자들은 음이 같거나 비슷한 경우입니다.

검(劍), 검(檢), 검(儉), 험(險), 험(驗)

그러나 음을 나타내는 부분인 僉(첨)은 상용한자가 아니며, 현대에는 쓰이는 단어도 없는 한자입니다. 그러므로 이 책에서는 한자 僉(첨)을 별도로 서술하지 않고, 그 대신 僉의 음을 '검'으로 가정하였습니다.

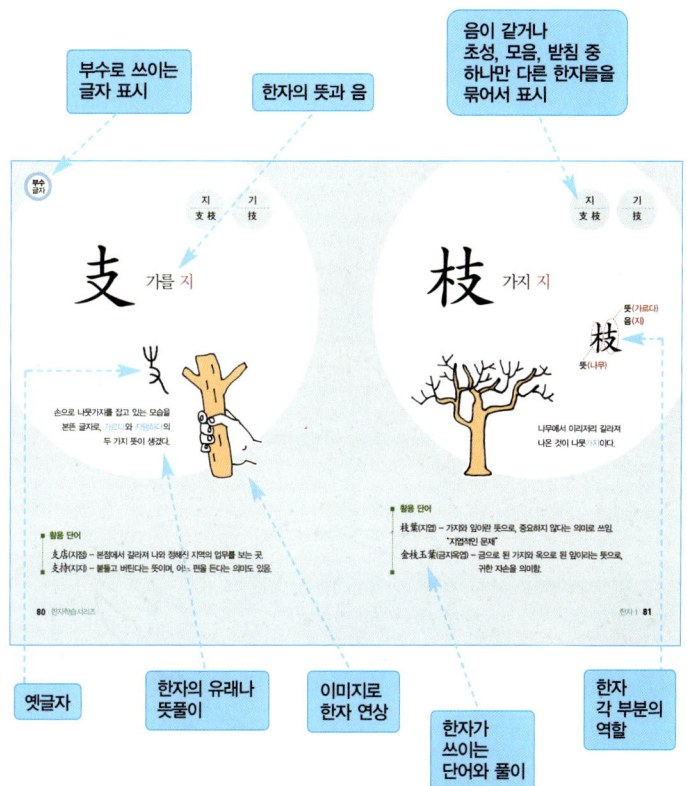

이 책에 수록된 한자 중 일부 글자의 자원(字源) 풀이는 학술적으로 인정된 것이 아님을 밝혀 둡니다. 한자를 배우려는 독자들로 하여금 쉽고 재미있게 익히도록 하는 데 중점을 두었기에 어떤 글자는 본래의 자원과는 다르게 유머러스하게 풀이하였습니다. 그러므로 한자를 익히는 데 참고로 하되 학설로는 받아들이지 않기를 바랍니다.

부수 코너

戈 창 과

길고 가는 날에 기다란 자루가 달린 창을 뜻한다.

사용 예 : 戒(경계할 계)

伐 칠 벌

伐 — 뜻(창) / 뜻(사람)

창으로 사람을 치다.

■ **활용 단어**

征伐(정벌) – 적을 침.
討伐(토벌) – 도적이나 반란군을 쳐 없앰.

아
我 餓

我 나 아

손에 창을 들고 있는 나.
옛날에는 손에 창과 같은
무기를 들고 있어야
나 자신을 지킬 수
있었다.

■ 활용 단어

- 自我(자아) – 자기 자신. "자아 비판"
- 我執(아집) – 자기중심으로만 생각하여 고집을 부리는 것.

아
我 餓

餓 주릴 아

음(아)
뜻(먹을 것)

먹을 것이 없어서 주리다.

■ **활용 단어**

飢餓(기아) – 굶주림.
餓死(아사) – 굶주려 죽음. "아사할 지경에 이르렀다"

우

憂 優

憂 근심할 우

뜻(머리 頁)

 뜻(마음)

머리를 숙이고 마음으로 근심하다.
글자를 보면 가슴에 팔짱을 낀 채
머리를 약간 숙이고 근심에 잠겨 있는
사람처럼 보이지는 않는지?

- **활용 단어**

  憂慮(우려) – 근심과 걱정.
  憂愁(우수) – 근심과 시름. "얼굴에 우수가…"

우

憂 優

 광대 우

뜻(근심)
음(우)
뜻(사람)

근심을 덜어주는 사람인 광대.
優 자에는 품위 있다, 뛰어나다,
머뭇거리다의 뜻도 있다.

- **활용 단어**

  俳優(배우) – 연극이나 영화에서 어떤 인물의 역을 맡아 연기하는 사람.
  優雅(우아) – 품위가 있고 아름다움.
  優秀(우수) – 뛰어남.
  優柔不斷(우유부단) – 망설이며 결단을 하지 못함.

 사랑 애

 뜻(마음)

마음으로 사랑하다.
글자를 보면 고개를 옆으로 돌리고
두 손으로 가슴을 껴안은
모습 같지는 않은지?

■ 활용 단어

愛情(애정) - 사랑하는 마음.
戀愛(연애) - 남녀가 서로 사랑하는 것.

부수 코너

廾 받들 공

두 손을 마주하여 떠받들고 있는
모양을 본뜬 글자이다.

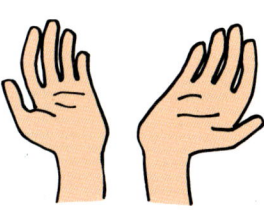

사용 예 : 弄(희롱할 롱)

계

戒 械

경계할 계

뜻(창)

뜻(두 손)

두 손으로 창을 잡고 경계하다.
잘못된 일이 일어나지 않도록
주의하고 조심한다는
뜻이다.

■ **활용 단어**

警戒(경계) – 사고가 발생하지 않도록 주의하고 조심함.
戒嚴(계엄) – 나라에 내란이나 전쟁이 일어났을 때 군대가 임시로 정부의
권한을 행사하는 것.

계
戒械

械 기계 계

음(계)
뜻(나무)

나무로 만든 기계.

- **활용 단어**
- 機械(기계) – 여러 부분이 조합되어 움직이면서 일을 하는 장치.

기	개
旣	慨 概

旣 이미 기

이미 밥을 먹고 밥상에서 몸을 돌린 모습을 본뜬 글자이다.

- **활용 단어**

  旣成服(기성복) – 미리 만들어 놓은 옷.
  旣婚者(기혼자) – 이미 결혼한 사람.

기	개
既	慨 概

慨 분개할 개

음(기→개)

慨

뜻(마음)

마음으로 분개하다.

■ **활용 단어**

憤慨(분개) – 분하게 여기는 것.
慨歎(개탄) – 분하여 탄식하는 것.

기	개
既	慨 概

槪 대개 개

뜻(나무)

槪 음(기→개)

나무로 만든 평미레로 밀면
대개 평평해진다.
槪 자는 절개의
뜻으로도 쓰인다.

활용 단어

大槪(대개) – 대부분.
節槪(절개) – 신념을 굽히지 않고 굳게 지키는 태도.
　　　　　"춘향이 절개를 지키다"

卽 곤 즉

사람이 음식물 앞에 앉아 곧바로 밥을 먹으려는 모양을 본뜬 글자이다.

■ 활용 단어

卽刻(즉각) – 당장에 곧.
卽時(즉시) – 곧바로.

향
鄕 響

鄕 시골 향

시골 집에 가서 식사 대접을
받는 모습을 연상하라.
鄕 자에는 고향이란
뜻도 있다.

■ **활용 단어**

鄕樂(향악) – 향토 음악.
故鄕(고향) – 태어나서 자란 곳.

향
―――
鄕 響

響 울릴 향

음(향)

뜻(소리)

소리가 울리다.

- **활용 단어**

  音響(음향) – 소리의 울림.
  反響(반향) – 주변에 영향을 미치어 돌아오는 반응. "커다란 반향을 일으키다"

미	매
未 味	妹

未 아닐 미

아직 꼭대기의 성장판이
닫히지 아니한 나무를 연상하라.
木(나무 목) 자 위에 작은 선을 추가하여
아직 꼭대기에 있는 성장판이 닫히지
아니하여 계속 자라고 있는
나무를 떠올린다.

■ **활용 단어**

未完成(미완성) – 아직 완성되지 않음.
未熟(미숙) – 아직 익지 않다는 뜻이며, 서투르다는 의미로 쓰임.
 "미숙한 솜씨"

미	매
未 味	妹

입으로 맛을 보다.
味 자에는 뜻이라는
의미도 있다.

- **활용 단어**

味覺(미각) – 맛을 느끼는 감각.
意味(의미) – 말이나 글의 뜻.

妹 손아래누이 매

뜻(여자)
뜻(아니다)
음(미→매)

여자 형제 중
아직 크지 아니한
손아래누이.

■ **활용 단어**

姉妹(자매) – 언니와 여동생.
男妹(남매) – 오빠와 누이.

末 끝 말

나무 꼭대기의 성장판이 닫혀
성장이 끝난 나무를 연상하라.
末 자는 앞서 나온 未(미) 자와
비슷하지만, 위의 가로선이 아래 선보다
길다. 따라서 나무 꼭대기에 있는
성장판이 닫혀 성장이 끝난 상태를
떠올리면 어떨까.

■ **활용 단어**

末端(말단) – 맨 끝.
終末(종말) – 계속되어 오는 일의 끝.

요
要 腰

要 중요할 요

허리에 손을 받치고 있는 모습을 본뜬 한자이다.
要 자는 허리를 못 쓰면 아무것도 하지 못하니
중요하다는 뜻으로 사용하게 되었다.
나중에 이 글자에 '몸'을 뜻하는 부수
月(→肉)을 더하여 '허리'를 나타내는
腰(요) 자를 만들었다.

■ **활용 단어**

重要(중요) – 매우 귀중함.
必要(필요) – 꼭 있어야 할 만큼 중요함.

요

要 腰

腰 허리 요

뜻(중요하다)
음(요)
뜻(몸)

허리가 중요해

몸에서 중요한 부분인 허리.

- **활용 단어**

  腰帶(요대) – 허리띠.
  腰痛(요통) – 허리가 아픈 병.

初 처음 초

뜻(옷)
初
뜻(칼)

옷을 만들기 위해
칼을 처음으로 대다.

- **활용 단어**

  初期(초기) – 처음이 되는 때.
  最初(최초) – 맨 처음.

首 머리 수

뿔 달린 짐승의 머리를 연상하라.
부수로 쓰일 때는 머리 또는 우두머리의 뜻을 지닌다.

■ 활용 단어

絞首刑(교수형) – 목을 매달아 죽이는 형벌.
首領(수령) – 어떤 단체의 우두머리.

도

道 導

道 길 도

우두머리가 나아가는 길.
道 자는 마땅히 지켜야 할 도리나
진리를 뜻하기도 한다.

- **활용 단어**

  車道(차도) – 자동차가 다니는 길.
  道德(도덕) – 사회에서 마땅히 지켜야 할 규범.
  得道(득도) – 도를 깨달음.

도

道 導

導 인도할 도

손을 잡고 길을 인도하다.

- **활용 단어**

  引導(인도) – 이끌어 주는 것.
  導火線(도화선) – 폭약이 터지도록 불을 붙이는 줄.

安 편안할 안

뜻(집)

뜻(여자)

집에 여자가 편안하게 있다.

■ **활용 단어**

平安(평안) – 근심이 없음.
安心(안심) – 근심이 없는 마음.

안 연
安案 宴

案 책상 안

음(안)
案
뜻(나무)

나무로 만든 책상.
또한 책상은 보통 생각하는
공간이기 때문에 案 자는
생각하다는 뜻도 있다.

■ **활용 단어**

酒案床(주안상) – 술상.
妙案(묘안) – 뛰어난 방안.

宴 잔치 연

음 (안→연)
뜻 (해)

글자를 쪼개 보면 부수 집(宀), 해(日), 여자(女)이므로 집에서 여자들이 춤을 추며 해가 지도록 흥겹게 잔치를 벌이는 장면을 연상하라.

활용 단어

宴會(연회) – 잔치. "연회를 열다"
祝賀宴(축하연) – 축하하는 잔치.

부수 코너

 살발린뼈 알

살을 바른 뼈를 본떴으며,
부수로 쓰일 때는 죽음을 의미한다.
속칭으로는 죽을사변이라 부른다.

사용 예 : 死(죽을 사)

央

가운데 앙

역기를 들어 올릴 때 가운데를 잡고 일어선 모습을 연상하라.

■ **활용 단어**

中央(중앙) – 한가운데.

앙	영
央殃	映英

殃 재앙 앙

음 (앙)
뜻 (죽음)

죽음을 불러오는 재앙.

■ **활용 단어**

災殃(재앙) – 자연에 생긴 불행한 큰 사고.

映 비칠 영

해가 비치다.

- **활용 단어**

  映畵(영화) – 영사기로 움직이는 모습을 보이는 것.
  上映(상영) – 극장 따위에서 영화를 보여주는 일.

英 꽃부리 영

뜻(풀)
뜻(가운데)
음(앙→영)

풀잎 가운데 피어난 꽃부리.
꽃부리라는 뜻보다는
지금은 주로 뛰어나다는
뜻으로 많이 쓰인다.

■ 활용 단어

英才(영재) – 뛰어난 재주를 가지고 있는 사람이란 뜻이며, 특히 어린이나 청소년을 의미.
英雄(영웅) – 뛰어나고 용맹한 사람.

委 맡길 위

여자들에게
곡식 다듬는 일을
맡기다.

- **활용 단어**

  委任(위임) - 어떤 일을 맡김.
  委託(위탁) - 남에게 부탁하여 맡김. "위탁 판매"

川 내 천

물이 흐르는 내를 본뜬 글자이다.
川 자는 水(물 수)보다는
물줄기가 강하고, 江(강 강)보다는
작은 물줄기를 뜻한다.
巛는 川이 변형된 모습으로,
속칭으로는 개미허리라고
부른다.

■ **활용 단어**

河川(하천) – 강과 내.
山川(산천) – 산과 내라는 뜻으로, '자연'을 의미.

주
州 洲

州 고을 주

하천의 모래톱 위에 생긴 고을을 본뜬 글자이다.

활용 단어

全州(전주) – 전라북도의 도청이 있는 시.

주

州 洲

洲 섬 주

음(주)
뜻(물)

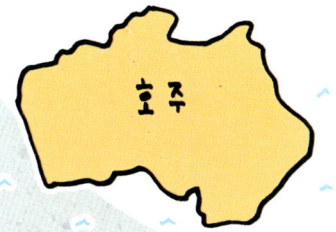

물로 둘러싸인 섬.
호주와 같이 물로 둘러싸인
큰 섬이나 대륙을 가리킬 때
洲 자를 쓴다.

■ **활용 단어**

濠洲(호주) – 오스트레일리아.
美洲(미주) – 미국 땅을 의미.

10이란 숫자를 나타내기 위하여 노끈으로 매듭을 지은 모양을 본뜬 글자이다. 부수로 쓰일 때는 많다, 모두의 뜻을 지니는 경우가 있다.

■ **활용 단어**

十代(십대) – 10세에서 19세까지의 나이.
十里(십리) – 약 4킬로미터의 거리.

力 힘 력

팔에 힘을 주었을 때
근육이 불거진 모습을
연상하라.

- **활용 단어**

筋力(근력) – 근육의 힘.
體力(체력) – 몸의 힘.

협
協 脅

協 힘을합할 협

뜻(모두)

음(협)

글자의 오른쪽 부분에
'力(힘 력)'이 3개 있으니, 3명이
모두 힘을 합하다는 뜻이다.
協 자에는 화합하다는
뜻도 있다.

- **활용 단어**

  協力(협력) – 힘을 합하는 것.
  不協和音(불협화음) – 서로 다른 소리들이 화합하여 화음을 이루지 못함.

협

協 脅

으를 협

음 (협)
뜻 (몸)

글자의 윗부분에
'力(힘 력)'이 3개 있으니,
3명이 힘을 주고 상대를
으르다는 뜻이다.

■ **활용 단어**

威脅(위협) - 힘으로 으르는 것.
脅迫(협박) - 힘으로 으르며 몰아세움.

丁 장정 정

강한 재질의 못 모양을 본뜬 글자이다.
후에 장정이라는 뜻으로 쓰이자,
금속을 뜻하는 부수 金을 붙여
'못'을 뜻하는 釘(못 정) 자를 만들었다.

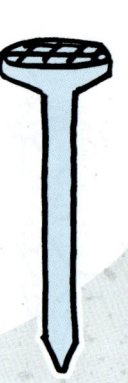

■ **활용 단어**

壯丁(장정) - 사나이.
兵丁(병정) - 이전 말로 병사를 뜻함.

정	저
丁 訂 頂	貯

 바로잡을 정

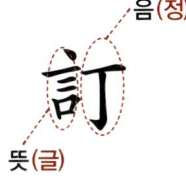

음(정)
뜻(글)

잘못된 글을 바로잡다.

■ 활용 단어

修訂(수정) – 고쳐서 바로잡음.
訂正(정정) – 글의 잘못된 데를 고쳐서 바로잡음.

頂 정수리 정

머리에 있는 정수리.

- **활용 단어**

  頂點(정점) – 맨 꼭대기.
  頂上(정상) – 꼭대기의 위. "산의 정상에 오르다"

貯 쌓을 저

뜻(재물) — 뜻(집)
貯
음(정→저)

재물을 집에 쌓아 두다.

- **활용 단어**

  貯蓄(저축) – 모아서 쌓아 둠.
  貯藏(저장) – 모아서 보관함.

打 칠 타

뜻(손)
打
모양(못)

손에 망치를 들고
못을 치다.

탁

- **활용 단어**
  - 打擊(타격) – 때려 치는 것.
  - 打樂器(타악기) – 때려서 소리를 내는 악기.

 슬플 애

- 뜻(옷)
- 뜻(입)

옷자락을 입에 대고 슬퍼하다.

■ **활용 단어**

哀痛(애통) – 슬프고 아픔.
悲哀(비애) – 슬픔.

亭 정자 정

높게 세워진 정자.
글자의 윗부분 㐭는
高(높을 고) 자의
변형이다.

- **활용 단어**

亭子(정자) - 놀거나 쉬기 위해 경치 좋은 곳에 지은 집.
八角亭(팔각정) - 지붕이 팔각형인 정자.

정

亭 停

停 머무를 정

뜻(정자)
음(정)
뜻(사람)

사람이 정자에 머물다.

- **활용 단어**

停止(정지) – 멈추는 것.
停車場(정거장) – 차가 가다가 머무르는 곳.

右 오른쪽 우

뜻(손)
뜻(입)

입으로 밥을 먹을 때
쓰는 손은 오른쪽 손.

■ **활용 단어**

右側(우측) – 오른쪽.
右便(우편) – 오른편.

矢 화살 시

화살 모양을 본뜬 글자이다.

■ **활용 단어**

嚆矢(효시) – 우는 화살이란 뜻이며, 옛날에는 전쟁을 시작할 때 효시를 쏘았다는 데서 어떤 것이 시작된 맨 처음을 의미.

교
喬 矯 橋

喬  높은 교

높은 지붕에 처마선이 멋지게
휘어진 모습을 본떴다.
글자의 아랫부분이
高(높을 고) 자와 비슷하다.

- **활용 단어**

  喬木(교목) – 큰 나무라는 뜻이며, 교목이 아닌 나무는 관목이라고 부름.

교

喬 矯 橋

矯 바로잡을 교

구부러진 화살을 바로잡다.

활용 단어

矯正(교정) – 틀어진 것을 바로잡음.
矯導所(교도소) – 형벌을 받는 사람을 가두고 바로잡아 잘 이끄는 장소.

교

喬 矯 橋

橋 다리 교

높은 곳에 나무로 만든 다리.

■ **활용 단어**

大橋(대교) – 큰 다리.
橋梁(교량) – 다리.

煩 괴로워할 번

뜻(머리)
뜻(불)

머리에서 불이 난 듯 괴롭다.
煩 자에는 번거롭다는
뜻도 있다.

■ **활용 단어**

煩惱(번뇌) – 마음으로 괴로워함.
煩雜(번잡) – 번거롭고 혼잡함.

노
奴 努 怒

奴 종 노

모양
奴
뜻(손)

주인 손에 잡힌 종.
글자의 왼쪽 부분 女는
종이 꿇어 앉은
모습을 연상하라.

▪ 활용 단어

奴隸(노예) – 남의 소유물이 되어 사고팔 수 있는 사람.
奴婢(노비) – 사내종과 계집종.

노

奴 努 怒

努 힘쓸 노

종이 힘을 쓰다.

■ **활용 단어**

努力(노력) – 애를 씀.

> 노
> 奴 努 怒

怒 성낼 노

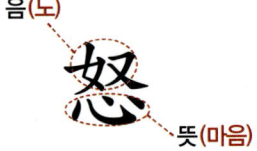

마음에 화가 치밀어
성을 내다.

■ **활용 단어**

激怒(격노) – 몹시 노함.
震怒(진노) – 크게 노함.

부수 코너

缶 장군 부

물이나 술을 담아 옮기는 그릇인
장군을 본뜬 글자이다.
배가 부르고 아가리가 좁은 오지그릇을
본떴으며, 부수로 쓰일 때는
항아리로 이해하면 된다.

사용 예 : 缺(이지러질 결)

> 결
> 決 訣 缺

決 터질 결

뜻(물) 음(결) 모양(터지다)

물에 둑이 터지다.
글자의 오른쪽 부분 夬은
央(가운데 앙)에서 옆구리가
터진 모습을 상상하라.
決 자는 둑을 터놓다는 뜻에서
결단하다는 뜻도 가지고 있다.

- **활용 단어**
  決裂(결렬) – 터지고 찢어져 갈라짐.
  決斷(결단) – 결정을 내림.

> 결
> 決 訣 缺

訣 이별할 결, 비결 결

- 음(결)
- 모양(터지다)
- 뜻(말)

두 사람 사이가 터져 말하면서 이별하다.
한편, 訣 자는 비결이란 뜻도 있다.

- **활용 단어**
  - 訣別(결별) – 아주 이별함.
  - 秘訣(비결) – 자기만 아는 좋은 방법.

결
決 訣 缺

缺 이지러질 결

뜻(항아리)
缺
음(결)
모양(터지다)

항아리가 터져 이지러지다.
缺 자에는 모자라다는
뜻도 있다.

▪ **활용 단어**

缺點(결점) – 잘못되거나 부족한 점.
缺員(결원) – 모임에 빠진 사람.

快 쾌할 쾌

모양(터지다)
뜻(마음)

아! 상쾌하다

마음속에 막혔던 것이
터져 상쾌하다.
快 자에는 빠르다는
뜻도 있다.

■ 활용 단어

快感(쾌감) – 기분이 좋은 느낌.
快速(쾌속) – 매우 빠른 속도.

지	질
至	姪

至 이를 지

 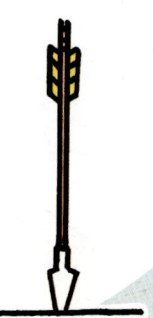

화살이 어느 지점에 이르러
꽂힌 모양을 본뜬 글자이다.

- **활용 단어**

  至極(지극) – 더할 나위 없이 궁극에 이름. "정성이 지극하다"
  自初至終(자초지종) – 처음부터 끝까지.

지 至 질 姪

姪 조카 질

姪
- 음(지→질)
- 뜻(여자)

내 조카들 귀엽죠

원래 조카딸을 가리키는 글자였는데, 후에 남녀 조카를 통칭하는 뜻으로 쓰이게 되었다.

▪ 활용 단어

姪女(질녀) – 조카딸.
叔姪(숙질) – 아저씨와 조카.

도

到 倒

到 이를 도

뜻(이르다)
到
뜻(칼)
음(도)

칼이 이르다.

- **활용 단어**

  到着(도착) – 목적지에 다다름.
  到達(도달) – 목적한 곳에 이름.

도

到 倒

倒 넘어질 도

뜻(사람) 倒 음(도)

글자를 살펴보면 '사람(亻)', '이르다(至)', '칼(刂)'을 뜻하는 부수로 이루어져 있으므로 칼이 이르자 사람이 넘어지는 모습을 연상하라.
倒 자에는 거꾸로라는 뜻도 있다.

■ **활용 단어**

卒倒(졸도) – 갑자기 의식을 잃고 쓰러짐.
主客顚倒(주객전도) – 주인과 손님의 위치가 서로 뒤바뀐다는 뜻으로, 입장이 서로 뒤바뀜을 이르는 말.

순
旬 殉

旬 열흘 순

뜻(감싸다)
旬
뜻(일)

10일을 감싸서 묶으면 열흘.
한 달을 차례로 열흘씩
묶은 것을 연상하라.

1~10일이 초순이야

May
1 2 3 4 5
6 7 8 9 10 11 12
13 14 15 16 17 18 19
20 21 22 23 24 25 26
27 28 29 30

활용 단어

上旬(상순) – 한 달에서 1일부터 10일까지의 기간.
中旬(중순) – 한 달에서 11일부터 20일까지의 기간.

殉 따라죽을 순

남편이 죽자 아내도 따라죽다. 殉 자에는 목숨을 바치다는 뜻도 있다.

▶ 활용 단어

殉葬(순장) – 옛날에 사람이 죽었을 때 그 사람의 뒤를 따라 산 사람을 함께 묻던 일.
殉敎(순교) – 자기가 가지고 있는 믿음을 지키기 위해 목숨을 바치는 일.

雨 비 우

하늘에서 비가 내리는 모습을
본뜬 글자이다.
부수로 쓰일 때는 공중에서
일어나는 자연적인 현상을
가리킨다.

■ **활용 단어**

豪雨(호우) – 한꺼번에 많이 오는 비.
雨期(우기) – 비가 많이 오는 시기.

세모진 창 모

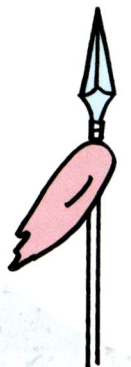

술이 달린 세모진 창을
본뜬 글자이다.

- **활용 단어**

  矛盾(모순) – 창과 방패라는 뜻이며, 옛날에 어떤 상인이 창과 방패를 팔면서 창은 어떤 방패도 뚫는다고 말하고 방패는 어떤 창도 막는다고 말하여, 앞뒤가 맞지 않은 말이라는 비유로 쓰임.

무
務 霧

務 힘쓸 무

뜻(창) ― 뜻(치다)
務
뜻(힘)

창과 몽둥이를 들고
치면서 힘써 일하다.
務 자에는 일이라는
뜻도 있다.

■ **활용 단어**

勤務(근무) – 힘써 일함.
公務(공무) – 공적인 일.

무
務 霧

霧 안개 무

霧
뜻(공중)
음(무)

앞이 안 보일 정도로 안개가 꼈네

공중에 생긴 안개.

- **활용 단어**

  五里霧中(오리무중) – 오리나 되는 짙은 안개 속에 있다는 뜻으로,
  무슨 일의 갈피를 잡기 어려움을 이르는 말.
  霧散(무산) – 안개가 흩어지듯이 없어짐.

柔 부드러울 유

뜻(창)
뜻(나무)

창의 나무가 부드럽다.
탄력 있는 나무로 만든
창을 연상하라.

- **활용 단어**

  柔軟(유연) – 부드럽고 연함.
  溫柔(온유) – 성격이 온화하고 부드러움.

走 달릴 주

사람이 달리는 모습을 본뜬 글자이다.

■ 활용 단어

走者(주자) – 운동 시합에서 달리는 사람.
獨走(독주) – 혼자서 달림.

召 부를 소

뜻(칼)
뜻(입)

칼을 들고 입으로
소리쳐 부르다.

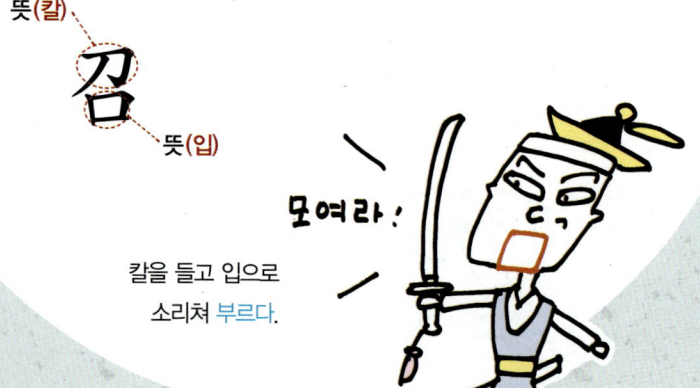

모여라!

■ 활용 단어

召集(소집) – 불러서 모음.
召喚(소환) – 소송 관계자에게 법원이 지정한 장소에 나올 것을 명령하는 일.

招 부를 초

- 뜻(부르다)
- 음(소→초)
- 뜻(손)

손짓을 하여 부르다.

활용 단어

招請(초청) – 오라고 청하는 것.
招待(초대) – 불러서 대접함.

소	초
召	招 超

超 뛰어넘을 초

뜻(달리다)
음(소→초)

달려서 장애물을 뛰어넘다.

- **활용 단어**

  超越(초월) – 어떠한 기준을 뛰어넘음.
  超人(초인) – 보통 사람을 뛰어넘는 능력을 가진 사람.

信 믿을 신

뜻(말)
뜻(사람)

사람의 말은 믿음직해야 한다.
信 자에는 편지의 뜻도 있다.

■ **활용 단어**

信賴(신뢰) – 믿고 의지함.
書信(서신) – 편지.

소	조
昭	照

昭 밝을 소

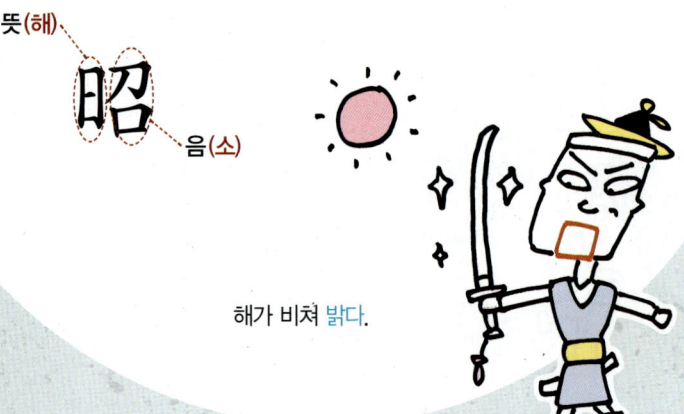

뜻(해) 昭 음(소)

해가 비쳐 밝다.

- **활용 단어**

昭詳(소상) – 분명하고 자세함. "소상히 말하다"

소	조
昭	照

照 비출 조

照
- 뜻(밝다)
- 음(소→조)
- 뜻(불)

불로 밝게 비추다.
照 자에는 대조하다는
뜻도 있다.

■ 활용 단어

照明(조명) – 빛을 비추어 밝게 함.
對照(대조) – 서로 비추어 비교해 봄.

지

旨 指

旨 맛 지

비수처럼 생긴 숟가락으로 맛을 보다.
글자의 아랫부분 日은 그릇에
맛있는 것이 담긴 모습을 연상하라.
맛이라는 뜻을 지녔지만,
지금은 주로 뜻이라는
의미로 쓰인다.

■ **활용 단어**

要旨(요지) – 말이나 글에서 핵심이 되는 내용. "이야기의 요지는…"
論旨(논지) – 어떤 문제에 대하여 논하는 말이나 글의 기본 뜻.
"그의 논지를 요약하면…"

지

旨 指

指 손가락 지

음(지)
뜻(손)

손을 들어
손가락으로
가리키다.

▪ 활용 단어

指紋(지문) – 손가락 끝마디의 무늬.
指摘(지적) – 손으로 가리켜 들추어 냄.

과	고
瓜	孤

瓜 오이 과

오이가 줄기에 매달린 모양을 본뜬 글자이다.

- **활용 단어**

  瓜年(과년) – 시집가기에 적당한 나이. "과년한 처녀"

孤 부모 없을 고

음 (과→고)
뜻 (자식)

자식이 부모가 없어 외로워하다.

■ 활용 단어

孤兒(고아) – 부모가 없는 아이.
孤獨(고독) – 혼자 있으며 외로움.

증	승	층
曾憎增贈	僧	層

曾 거듭 증

시루에 여러 겹으로 거듭하여
떡이 쌓여 김이 나는 모습을
본뜬 글자이다.
曾 자에는 일찍이라는
뜻도 있다.

■ **활용 단어**

曾祖父(증조부) – 아버지의 할아버지.
未曾有(미증유) – 일찍이 없었음.

憎 미워할 증

음(증)
憎
뜻(마음)

마음으로 미워하다.

■ **활용 단어**

憎惡(증오) – 몹시 미워함.
愛憎(애증) – 사랑과 미움.

증	승	층
曾憎增贈	僧	層

增 더할 증

뜻(흙)
뜻(거듭)
음(증)

흙을 거듭하여
쌓아 더하다.

■ **활용 단어**

增加(증가) – 더하여 늘어남.
增減(증감) – 더하거나 줄어드는 것.

증	승	층
曾憎增贈	僧	層

贈 줄 증

음(증)

贈

뜻(재물)

"재산 모두를 기증 하겠소"

재물을 주다.

■ **활용 단어**

寄贈(기증) – 남에게 값을 받지 않고 물품을 줌.
贈呈(증정) – 어떤 것을 줌.

僧 중승

뜻 (사람)
음 (증→승)

사람인 중.

■ **활용 단어**

高僧(고승) – 덕이 높은 중.
女僧(여승) – 여자 중.

層

층 층

모양(지붕)

음(증→층)

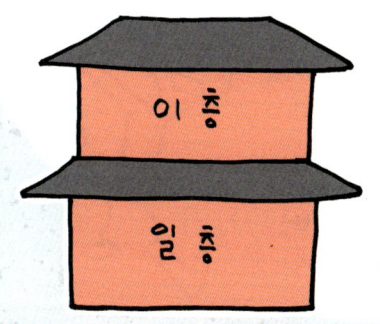

글자의 윗부분 尸는
처마가 있는 지붕을 나타낸다.
글자의 뜻은 그림과 같은
층을 의미한다.

활용 단어

高層(고층) – 건물의 높은 층.
層數(층수) – 층의 개수.

만

漫 慢

漫 멋대로 만

뜻(물)
음(만)

물가에서 신이 나서 멋대로 놀다.
글자의 오른쪽 부분 曼은 그림처럼
모자 쓴 사람을 연상하라.

- **활용 단어**

  浪漫(낭만) – 멋대로 하면서 자유롭고 즐거운 상태.
  漫畵(만화) – 이야기를 간단하고 익살스럽게 그린 그림.

만
漫 慢

慢 게으를 만

음(만)
뜻(마음)

마음이 게으르다.
또한 거만하다, 느리다의
뜻으로도 쓰인다.

■ **활용 단어**

怠慢(태만) – 게으름.
倨慢(거만) – 잘난 체하며 남을 무시함.
慢性(만성) – 오래되어 쉽게 고쳐지지 않는 성질을 뜻하며, 병이 급하지는
 않으나 오래되어 쉽게 고치기 어려운 상태를 의미.

101

연

然 燃

然 그러할 연

옛날에는 개고기를
불에 구워먹는 것을
그러려니했다.

- **활용 단어**

- 當然(당연) – 마땅히 그러함.
- 自然(자연) – 세상에 스스로 존재하는 모든 사물이나 상태.

연

然 燃

燃 불탈 연

燃
- 음 (연)
- 뜻 (불)

불에 타다.

활용 단어

燃料(연료) – 땔감.
燃燒(연소) – 불에 탐.

족	촉
足	促

足 발 족

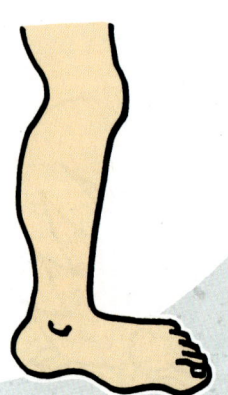

무릎 아래의 다리와 발을 본뜬 글자이다. 足 자는 넉넉하다는 뜻으로도 쓰인다.

■ 활용 단어

失足(실족) – 발을 헛디딤.
豊足(풍족) – 넉넉함.

促 재촉할 촉

사람을 발로 밀며 재촉하다.
促 자에는 촉박하다는
뜻도 있다.

- **활용 단어**

督促(독촉) – 빨리 하라고 재촉함.
促迫(촉박) – 기한이 바짝 다가옴.

中 가운데 중

가운데에 중심이 잡혀 있는 팽이를 연상하라.

■ **활용 단어**

中心(중심) – 사물의 한가운데.
中央(중앙) – 넓은 곳이나 물건의 한가운데.

仲 중개 중

뜻(가운데)
음(중)
뜻(사람)

사람이 가운데에서 중개하다.
仲 자에는 으뜸의 바로 아래인
버금이란 뜻도 있다.

▌ 활용 단어

仲介(중개) – 둘 사이에 끼여 어떤 일을 주선함.
伯仲之勢(백중지세) – 첫째와 버금으로, 서로 우열을 가리기 힘든 형세.

忠 충성 충

마음의 가운데에서부터 충성하다.

- **활용 단어**

  忠誠(충성) – 무엇을 위하여 마음을 바치는 정성.
  忠臣(충신) – 충성을 다하는 신하.

床 평상 상

뜻(집)
뜻(나무)

집 안에 있는
나무로 된 평상.

■ **활용 단어**

平床(평상) – 나무로 만든 평평한 침상.
病床(병상) – 병자가 눕는 침상.

 클 대

어른이 양팔과 양다리를 크게 벌리고 서 있는 모양을 본뜬 글자이다.

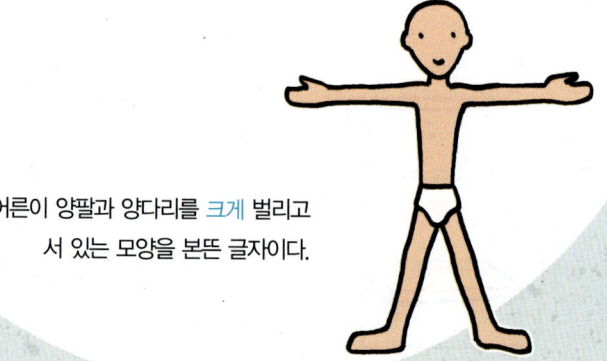

- **활용 단어**

  巨大(거대) – 엄청 큼.
  大將(대장) – 한 무리의 우두머리.

부수 코너

爿   장수 장

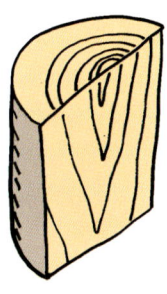

원통 모양의 나무토막을
두 조각으로 잘랐을 때
그 왼쪽 조각의 모양을 본뜬 글자이다.
부수로 쓰일 때 조각으로 해석된다.

사용 예 : 將(장수 장)

장

將 獎

將 장수 장

뜻(조각)　뜻(고기)

將

뜻(손)

고기 조각을 손에 들고
막 먹으려는 장수.
將 자는 장차라는
뜻으로도 쓰인다.

- **활용 단어**

  將軍(장군) – 군사를 거느리고 지휘하는 우두머리.
  將來(장래) – 장차 다가올 앞날.

장

將 獎

獎 권면할 장

뜻(장수)
음(장)
獎
뜻(크다)

장수처럼 큰 인물이
되라고 권면하다.

- **활용 단어**

獎勵(장려) – 좋은 일에 힘쓰라고 북돋아 줌.
勸獎(권장) – 권하고 장려함.

> 폐
> 弊幣蔽

弊 해질 폐

뜻(천 巾) 뜻(치다)
弊 음(폐)
뜻(두 손)

두 손으로 몽둥이를 잡고
천을 치니 천이 해지다.
참고로 부수 천(巾)에 있는 점들은
천을 칠 때 생기는 먼지를 연상하라.
弊 자에는 폐단이라는 뜻도 있다.

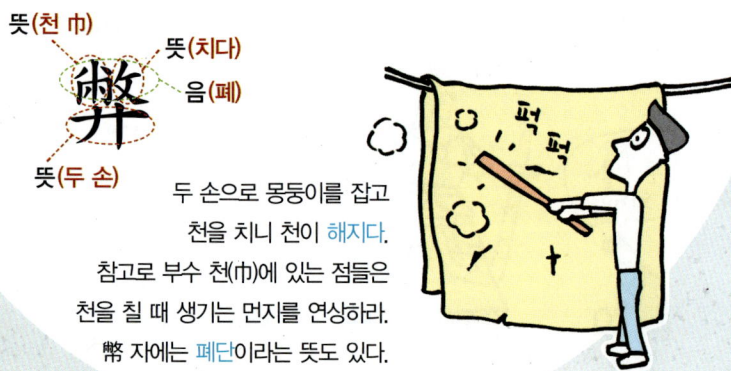

■ 활용 단어

疲弊(피폐) - 지치고 쇠약해짐. "사람이 피폐하게 되다"
弊端(폐단) - 해로운 점.

폐

弊 幣 蔽

幣 비단 폐

음(폐)
뜻(천)

천으로 된 비단.
옛날에는 비단을 화폐로
사용하였기에
돈이라는 뜻도 있다.

■ **활용 단어**

幣帛(폐백) – 결혼하기 전에 신랑이 신부 집에 보내는 비단 예물을
  뜻하였으나 요사이는 결혼할 때 신부가 시부모와 시댁
  어른에게 절하며 드리는 음식을 의미.
貨幣(화폐) – 돈.

> 폐
> 弊 幣 蔽

蔽 가릴 폐

풀 속에 숨어 가리다.

- **활용 단어**
  - 隱蔽(은폐) – 감추어 숨김.
  - 掩蔽(엄폐) – 가리어 숨김.

부수 코너

 에울 위

어느 지역을 에워싼 둘레를
본뜬 부수이다.
둘레 또는 에워싸다는 뜻을 지닌다.
속칭으로는 큰입구몸이라고 부른다.

사용 예 : 國(나라 국)

인 은
因姻 恩

因 인할 인

일정 둘레의 지역을 다스리는
큰 인물로 인하여 영향을 받다.
因 자는 이어받다의
뜻으로도 쓰인다.

- **활용 단어**

  原因(원인) – 근본 이유.
  因襲(인습) – 이어받은 나쁜 관습.

인	은
因 姻	恩

姻 혼인할 인

여자와 혼인하다.

- **활용 단어**

  婚姻(혼인) – 결혼.
  姻戚(인척) – 혼인으로 맺어진 친척.

恩 은혜 은

음(인→은)

뜻(마음)

마음으로 은혜를 베풀다.

- **활용 단어**

  恩惠(은혜) – 베풀어준 고마움.
  恩師(은사) – 은혜로운 선생님. 가르친 선생님을 높여 이르는 말.

天 하늘 천

大(대) 자 모양을 한 사람 위에
하늘을 나타내는 선을
그어놓은 모습이다.

■ **활용 단어**

天地(천지) – 하늘과 땅.
天下(천하) – 하늘 아래.

인

忍 認

忍 참을 인

뜻(칼 刀)
뜻(심장)

심장에 칼이 찔린 듯한 고통을 참다.
글자의 윗부분 刀에 찍혀 있는 점은
칼날을 연상하라.
忍 자에는 잔인하다는
뜻도 있다.

- **활용 단어**

  忍耐(인내) – 참고 견딤.
  殘忍(잔인) – 인정이 없고 모진 것.

인
忍 認

認 인정할 인

음(인)
뜻(말)

제 잘못을 인정합니다

말로 인정하다.

- **활용 단어**

認定(인정) – 확실히 그렇다고 받아들임.
是認(시인) – 옳다고 인정함.

조	도
兆	跳挑逃桃

兆 조짐 조

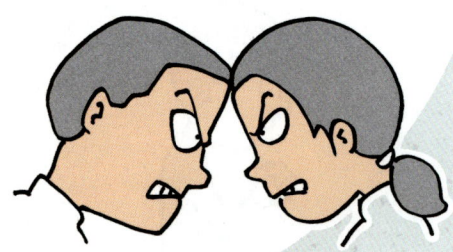

두 사람이 서로 마주보고 노려보면서 싸울 조짐을 보이는 모습을 연상하라. 兆 자는 억의 만 배인 조의 뜻으로도 쓰인다.

■ **활용 단어**

吉兆(길조) – 좋은 징조.
凶兆(흉조) – 나쁜 징조.

조 　 도
兆 　 跳 挑 逃 桃

跳 뛸 도

음(조→도)
跳
뜻(발)

발로 뛰다.
글자의 왼쪽 부분 足은
足(발 족)의 변형이다.

■ **활용 단어**

跳躍(도약) – 위로 뛰어오름.

조 | 도
兆 | 跳 挑 逃 桃

挑 돋울 도

뜻(손)
음(조→도)

손으로 싸움을 걸고
화를 돋우다.

■ **활용 단어**

挑發(도발) – 화를 돋우어 싸움이 일어나게 함.
挑戰(도전) – 싸움을 거는 것.

조 도
兆 跳挑逃桃

逃 달아날 도

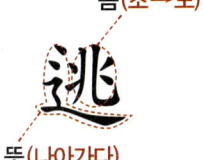

음(조→도)
뜻(나아가다)

나아가며 달아나다.

- **활용 단어**

  逃走(도주) – 쫓기어 달아남.
  逃避(도피) – 달아나 피함.

桃 복숭아나무 도

뜻(나무)
음(조→도)

나무의 한 종류인 복숭아나무.

■ 활용 단어

黃桃(황도) - 노란 복숭아.
桃色(도색) - 복숭아꽃의 빛깔이란 뜻이며, 남녀 간의 색정적인 일을 비유.
"도색 잡지"

 더할 익

모양

뜻(그릇)

그릇에 무엇을 더하다.
글자의 윗부분 ㅅ은
그릇에 담은 내용물이
넘치는 모습을 연상하라.

■ **활용 단어**

利益(이익) – 보탬이 되는 것.
收益(수익) – 거두어들인 이익.

취	최
取 趣	最

取 가질 취

뜻(귀)
뜻(손)

손으로 적군의 귀를 잘라 가지다.

- **활용 단어**

  取得(취득) – 얻음.
  爭取(쟁취) – 싸워서 얻음.

趣 재미 취

음 (취)

뜻 (달리다)

달리며 노는 재미.
趣 자에는 취지라는
뜻도 있다.

■ **활용 단어**

趣味(취미) – 좋아서 즐기는 재미.
趣旨(취지) – 목적이 되는 속뜻. "취지에 어긋나다"

最 가장 최

뜻(해)

뜻(가지다)
음(취→최)

해 아래에서 가질 수 있는 가장 뛰어난 것.

- **활용 단어**

  最上品(최상품) – 가장 좋은 물품.
  最高(최고) – 가장 높은 것

圖 그림 도

그림이 있는
도면을 연상하라.
圖 자에는 꾀하다는
뜻도 있다.

■ 활용 단어

圖面(도면) – 건축, 기계 등의 설계를 그린 그림.
企圖(기도) – 어떤 일을 이루려고 꾀하고 계획함. "탈출을 기도하였다"

영

永 泳 詠

永 오랠 영

물 위에 머리를 내밀고
몸을 움직이며 수영하는
모습을 연상하라.
물에 오래 떠 있으면서 헤엄치는
모습에서 오래다라는 뜻으로 사용되자
'물'을 뜻하는 부수 氵를 첨가하여
'헤엄치다'라는 뜻의
泳 자를 만들었다.

■ **활용 단어**

- 永生(영생) – 영원한 생명. "영생을 꿈꾸다"
- 永遠(영원) – 시간이 끝없음.

영
永 泳 詠

泳 헤엄칠 영

물에 오래 떠서
헤엄치다.

- **활용 단어**
  水泳(수영) – 헤엄.
  背泳(배영) – 등을 물에 대고 누워서 하는 수영.

詠 읊을 영

뜻(말)
음(영)
뜻(오래)

말을 오래 내뽑아 읊다.

- **활용 단어**

  詠唱(영창) – 아리아(Aria)로, 오페라에서 나오는 서정적인 독창.

攝 끌어 잡을 섭

攝
뜻(귀 3개)
뜻(손)

손으로 귀 3개를 끌어 잡다.
攝 자에는 조섭하다, 대신하다는 뜻도 있다.

■ 활용 단어

包攝(포섭) – 상대편을 자기편으로 감싸서 끌어들임.
攝取(섭취) – 영양분이나 좋은 것을 몸속으로 받아들임.
攝政(섭정) – 임금을 대신하여 나라를 다스리는 것.

兄 형 형

머리가 큰 형.

- **활용 단어**

  兄弟(형제) – 형과 동생.
  兄嫂(형수) – 형의 아내.

況 상황 황

음 (형→황)

뜻 (물)

물이 줄고
늘어나는 상황.

활용 단어

狀況(상황) - 일이 되어 가는 형편.

祝 빌 축

뜻(신)
祝
뜻(형)

형이 대표로
신께 빌다.

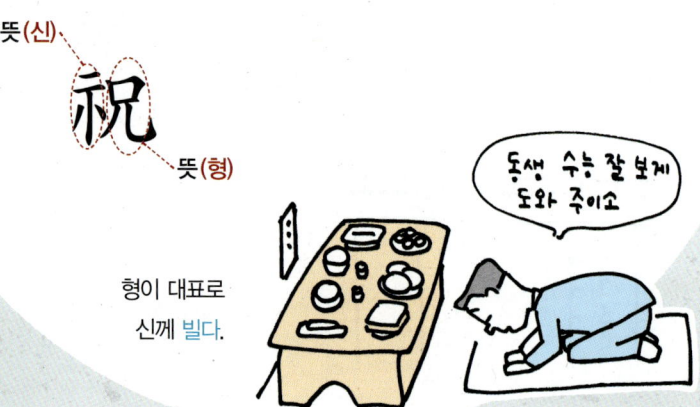

- **활용 단어**

  祝福(축복) – 복을 비는 것.
  祝願(축원) – 빌고 원함. "아들을 낳게 해달라고 축원하다"

冊 책 책

책 모양을 본뜬 글자이다.

■ 활용 단어

冊欌(책장) – 책들을 꽂아두는 장.
冊床(책상) – 앉아서 책을 읽을 수 있는 상.

云 말할 운

높은 곳에 구름이 매달려 있는
모양을 본뜬 글자이다.
하늘에 떠 있는 다양한 형태의 구름 중
말하는 듯한 모양의 구름을 연상하라.
云 자가 말하다라는 뜻으로 쓰이자
나중에 '공중'을 뜻하는 부수 雨를
추가하여 '구름'을 뜻하는
雲(운) 자를 만들었다.

- **활용 단어**

  云云(운운) – 이러쿵저러쿵 말함. "육이오 때 남한의 북침 운운은 근거 없다"

운
云 雲

 구름 운

뜻(공중)
뜻(구름)
음(운)

공중에 떠 있는 구름.

■ 활용 단어

- 雲霧(운무) – 구름과 안개. "운무에 가리어"
- 雲集(운집) – 구름처럼 모인다는 뜻으로, 많은 사람이 모여드는 것

魂 넋 혼

뜻(구름)
魂
뜻(귀신)

구름처럼 떠도는 귀신인 넋.
魂은 넓은 의미로 죽은 사람과
산 사람의 넋(spirit)을
모두 포함한다.

■ 활용 단어

- 魂靈(혼령) – 죽은 사람의 넋
- 鬪魂(투혼) – 끝까지 싸우려는 정신. "불굴의 투혼을 발휘하다"

恥 부끄러울 치

자신의 잘못을
귀로 듣고 마음이
부끄러워지다.

■ **활용 단어**

羞恥(수치) – 부끄러워 함.
恥部(치부) – 부끄러운 부분.

량

量 糧

量 헤아릴 량

저울 위에 양을 재는 그릇이
놓여 있는 모습을 연상하라.
양을 헤아리다는 뜻이며,
도량이라는 뜻도 있다.

■ **활용 단어**

測量(측량) – 양을 헤아림.
雅量(아량) – 너그러운 마음씨. "넓은 아량으로…"

량
量 糧

糧 양식 량

음 (량)
糧
뜻 (곡식)

곡식인 양식.

■ **활용 단어**

糧食(양식) – 먹을거리.
軍糧米(군량미) – 군대의 식량으로 쓰는 쌀.

부수 글자

사
士 仕

士 사내 사, 선비 사

사내가 다루는 날이 넓적한 도끼를 옆에서 본 모습을 본뜬 글자이다. 사내라는 뜻을 지니며, 선비라는 뜻으로도 쓰인다.

■ **활용 단어**

壯士(장사) - 기개가 있고 힘이 센 사람.
士大夫(사대부) - 옛날에 벼슬이나 신분이 높은 양반.

사
士 仕

仕 섬길 사

음 (사)
뜻 (사람)

사람을 섬기다

■ **활용 단어**

奉仕(봉사) – 자기의 이익을 구하지 아니하고 남을 섬김.

길	결
吉	結

길할 길

뜻(선비)

뜻(입)

선비는 입으로
길한 말을 하다.

- **활용 단어**

  吉夢(길몽) - 좋은 꿈.
  吉兆(길조) - 좋은 징조.

길	결
吉	結

結 맺을 결

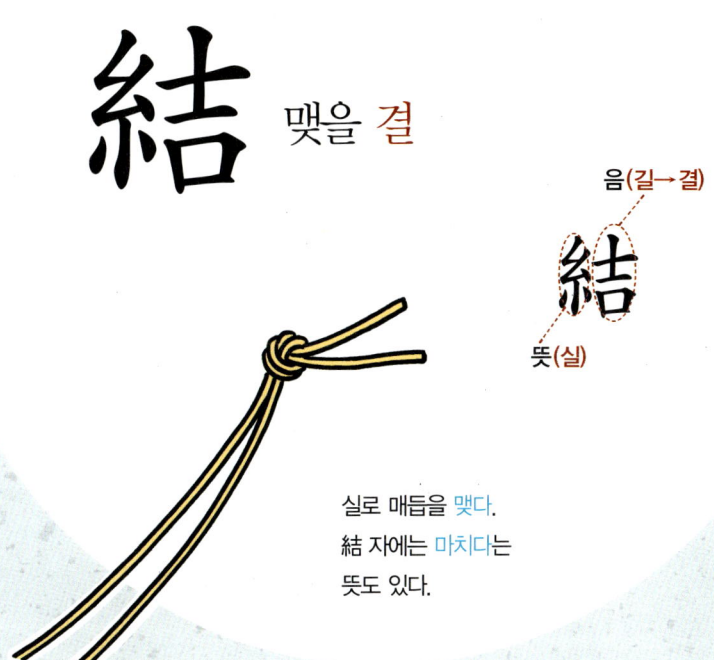

음(길→결)
結
뜻(실)

실로 매듭을 맺다.
結 자에는 마치다는
뜻도 있다.

- **활용 단어**

  結合(결합) – 둘 이상을 맺어 하나가 되게 함.
  結末(결말) – 맺는 끝.

지
志 誌

志 뜻 지

선비가 마음에
품은 뜻.

- **활용 단어**

  意志(의지) – 어떠한 것을 이루려고 하는 마음.
  同志(동지) – 같은 뜻을 가진 사람.

지
志 誌

誌 기록할 지

음(지)
뜻(글)

글로써 기록하다.

- **활용 단어**
  - 日誌(일지) – 매일 한 일을 적은 기록.
  - 雜誌(잡지) – 여러 가지 내용을 모아 정기적으로 출판하는 책.

부수 코너

 길게 걸을 인

부수로 쓰일 때는
나아가다는 뜻으로 해석하라.
속칭으로는 책받침(辶)과
구분하기 위하여
민책받침이라 부른다.

사용 예 : 廷(조정 정)

부수 코너

 붓 율

손에 붓을 쥐고 있는
모습을 본뜬 글자이다.

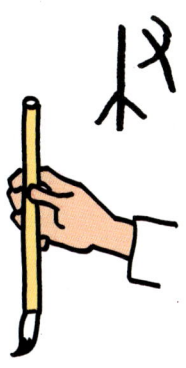

사용 예 : 筆(붓 필)

건
建 健

建 세울 건

뜻(나아가다)

建 뜻(붓)

붓이 나아갈 때
붓을 똑바로 세우다.

- **활용 단어**
  - 建築(건축) – 세우고 쌓아서 만드는 일.
  - 建國(건국) – 나라를 세움.

건

建 健

健 굳셀 건

뜻(세우다)
음(건)
健
뜻(사람)

사람이 자세를
바로 세워 굳세다.
健 자에는 잘이라는
뜻도 있다.

활용 단어

健壯(건장) - 몸이 튼튼하고 힘이 셈.
健忘症(건망증) - 잘 잊어버리는 증세.

兼 겸할 겸

두 포기의 벼를 한 손으로
쥐고 있는 모양을 본뜬 글자이며,
겸하다는 뜻이다.

- **활용 단어**

  兼用(겸용) – 한 가지를 두 가지 목적에 사용함.
  兼職(겸직) – 한 사람이 두 가지 직무를 겸함.

謙 겸손할 겸

음(겸)
뜻(말)

말이 겸손하다.

■ 활용 단어

謙遜(겸손) – 남을 높이고 자기를 낮추는 것.
謙虛(겸허) – 겸손하고 마음을 비움.

겸	렴	혐
兼謙	廉	嫌

廉 청렴할 렴

뜻(집) / 음(겸→렴)

집이 좁은 곳에서 청렴하게 살다. 원래는 집이 좁다라는 의미였으나 대개 청렴한 사람들이 좁은 집에서 살았기 때문에 나중에 청렴하다가 되었으며, 값싸다, 살피다라는 뜻으로도 쓰인다.

■ **활용 단어**

淸廉(청렴) – 마음이 깨끗하고 재물을 탐내지 않음.
廉價(염가) – 싼 가격.
廉探(염탐) – 몰래 조사함.

겸	렴	혐
兼謙	廉	嫌

嫌 의심할 혐

음(겸→혐)

뜻(여자)

여자를 의심하다.
嫌 자에는 싫어하다는
뜻도 있다.

■ 활용 단어

- 嫌疑(혐의) – 확실하지는 않지만 어떤 사람이 죄를 지은 것 같다고 의심함.
- 嫌惡(혐오) – 싫어하고 미워함.

旦 아침 단

뜻(해)
모양(지평선)

해가 지평선 위로
떠오르는 아침.

- **활용 단어**
- 元旦(원단) – 설날 아침.

단
―――
旦 但

但 다만 단

뜻(아침)
음(단)
뜻(사람)

어떤 사람에게나 오늘 아침은 다만 한 번뿐이다.
내일 일은 아무도 모른다.

- **활용 단어**

但只(단지) – 다만.
但書(단서) – 앞에 나온 본문에 관련된 조건이나 예외 조항.

163

得 얻을 득

뜻(나아가다) 뜻(아침)
뜻(손)

아침에 나아가다가
바닥에 떨어진 것을
손으로 주워 얻다.

- **활용 단어**

  取得(취득) – 얻어 가짐.
  得失(득실) – 얻음과 잃음. "이해득실을 따지다"

晝 낮 주

晝
- 뜻(붓, 聿)
- 뜻(아침)

아침에 일어난 뒤 붓으로 글을 쓸 수 있는 낮 시간.

활용 단어

晝間(주간) - 낮 동안.
晝夜(주야) - 낮과 밤이라는 뜻이며, 쉬지 않고 계속된다는 의미.
"주야로 공부하다"

단
壇 檀

壇 제단 단

뜻(땅)
음(단)
壇

땅에 쌓아놓은 단.
글자의 오른쪽 아랫부분
旦(아침 단)을 보면
음을 쉽게 연상할 수 있다.
요즘은 일반적으로 단상이란
뜻으로 많이 쓰인다.

활용 단어

祭壇(제단) – 제사를 지내는 단.
敎壇(교단) – 교실에서 교사가 가르칠 때 올라서는 단.

단
壇 檀

檀 박달나무 단

뜻(나무)
음(단)

나무의 한 종류인 박달나무.
참고로 단군(檀君)의 '단' 자도
박달나무 단(檀)이다.
음만 빌려온 것인지 아니면 단군과
박달나무가 무슨 관계가
있는지 궁금!

- **활용 단어**

  - 檀君(단군) – 우리 민족의 시조로 받드는 태초의 임금.
  - 檀紀(단기) – 단군이 임금이 된 해를 원년으로 하는 우리나라의 기원.

早

일찍 조

아침 일찍 해가 떠오르는 모습을 본뜬 글자이다.

■ **활용 단어**

早期(조기) – 이른 때.
早速(조속) – 이르고 빠름. "조속한 해결"

草 풀 초

뜻(풀)
음(조→초)

草 자에는 풀이란 뜻 외에 시작하다, 초를 잡다는 뜻도 있다.

■ **활용 단어**

雜草(잡초) – 가꾸지 않아도 잘 자라는 여러 가지 풀.
草創期(초창기) – 어떤 것을 처음 시작한 때.
草案(초안) – 나중에 잘 쓸 생각으로 대강 적은 안.

황	횡
黃	橫

黃 누를 황

뿔이 난 누런 황소의
앞모습을 연상하라.

활용 단어

黃土(황토) – 누런 흙.
黃沙(황사) – 봄철에 중국으로부터 한국으로 날아오는 누런 모래.

황	횡
黃	橫

橫 가로 횡

음(황→횡)
뜻(나무)

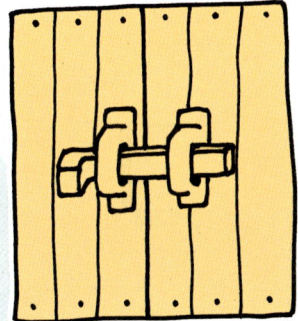

나무를 가로로 걸다.
橫 자는 제멋대로 하다는
뜻으로도 쓰인다.

■ **활용 단어**

縱橫無盡(종횡무진) - 세로와 가로, 즉 자유자재로 끝없는 것.
橫暴(횡포) - 제멋대로 하며 사나움.

광
廣 鑛

廣 넓을 광

뜻(집)
廣
음(황→광)

집이 넓다.

■ 활용 단어

廣範圍(광범위) – 넓은 범위.
廣告(광고) – 널리 알림.

광

廣 鑛

鑛 광물 광

음 (광)

뜻 (금속)

금속이 섞여 있는 광물.

■ **활용 단어**

鑛物(광물) – 흙에 섞여 있는 금속 물질.
鑛山(광산) – 광물을 캐내는 곳.

擴 넓힐 확

뜻(손)
擴
뜻(넓다)

손으로 넓히다.

- **활용 단어**

  擴大(확대) – 넓혀서 크게 함.
  擴張(확장) – 넓게 벌림.

拓 개척할 척, 뜰 탁

두 가지의 전혀 다른 뜻을
지닌 글자이다.
손으로 돌을 골라내며
농토를 개척하다.
손으로 돌에 새긴
글이나 문양을 뜨다.

활용 단어

開拓(개척) – 쓸모없는 땅을 새로 일구어 쓸모 있는 땅으로 만드는 것.
拓本(탁본) – 돌에 새겨진 글씨나 무늬를 종이에 뜨는 것.

렬
列 烈 裂

列 벌일 렬

뜻(죽음)

뜻(칼)

칼로 잡아 죽인 것들을 벌여 놓다.
낱말의 맨 앞에 쓰이거나 모음,
'ㄴ' 받침 다음에서는 '렬'이
'열'로 발음된다.

■ **활용 단어**

竝列(병렬) – 나란히 벌여 놓음.
列擧(열거) – 벌여 놓고 하나하나 말함. "사례들을 열거하다"
序列(서열) – 차례대로 벌여 놓음. "군대에서의 서열"
陳列(진열) – 보이기 위하여 벌여 놓음.

렬

列 烈 裂

 세찰 렬

음(렬)
뜻(불)

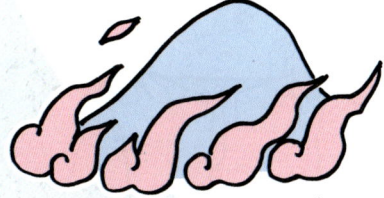

불길이 세차게 타오르다.
烈 자에는 절개가 굳다는
뜻도 있다.
列 자와 같은 방식으로
발음된다.

■ **활용 단어**

猛烈(맹렬) – 기세가 사납고 세참. "불길이 맹렬하게 타오르다"
烈士(열사) – 나라를 위하여 절개를 지키며 싸우는 사람. "순국 열사"

177

	렬
	列 烈 裂

裂 찢을 렬

옷을 찢다.
列 자와 같은 방식으로
발음된다.

- **활용 단어**

  決裂(결렬) – 터지고 찢어짐.
  龜裂(균열) – 갈라지고 찢어짐.

例 본보기 례

뜻(벌이다)
例
뜻(사람)

사람들을 벌여 놓은 본보기.
본보기가 된다는 의미에서
법식이란 뜻으로도 쓰인다.

■ **활용 단어**

事例(사례) – 실제로 일어난 예.
例規(예규) – 관례와 규칙.

裕 넉넉할 유

뜻(옷)

뜻(골짜기)

옷에 골짜기처럼
주름이 잡힐 정도로
폭이 넉넉하다.

- **활용 단어**

  餘裕(여유) – 남고 넉넉함. "시간적 여유가 없다"
  富裕層(부유층) – 재물이 많아 넉넉하게 사는 계층.

작을 소

작은 점 3개로
작음을 나타낸다.

■ **활용 단어**

小包(소포) – 작게 포장된 것.
小兒(소아) – 어린아이. "소아과"

肖 닮을 초

음 (소→초)
뜻 (몸)

몸 모양이 닮다.

- **활용 단어**

  肖像畵(초상화) – 사람의 얼굴을 닮게 그린 그림.

초	소
肖	消

消 사라질 소

消
- 음 (초→소)
- 뜻 (물)

물이 말라 사라지다.
消 자는 끄다, 삭이다,
물러서다는 뜻으로도
쓰인다.

▪ 활용 단어

消滅(소멸) – 사라져 없어짐.
消火器(소화기) – 불을 끄는 기구.
消化(소화) – 음식물을 뱃속에서 삭여서 흡수함. "음식물을 소화하다"
消極的(소극적) – 적극적으로 나서지 않고 물러서는 자세.

削 깎을 삭

뜻(작다)　뜻(칼)
削
뜻(몸)

칼로 몸이 작아지게 깎다.
削 자는 빼앗다는
뜻으로도 쓰인다.

- **활용 단어**

  削髮(삭발) – 머리카락을 전부 깎음.
  削奪官職(삭탈관직) – 죄인의 벼슬과 품계를 빼앗고 명부에서 이름을 없애 버림.

浴 목욕 욕

뜻(골짜기)
뜻(물)

골짜기의 물에서 목욕을 하다.

▶ 활용 단어

- 沐浴(목욕) – 머리를 감고 몸을 씻는 것.
- 半身浴(반신욕) – 몸을 반만 물에 담그고 하는 목욕법.

속

束 速

束 묶을 속

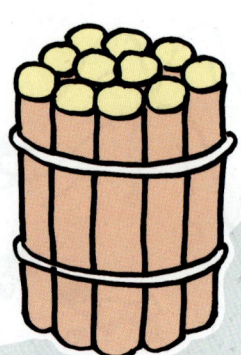

나무(木)를 묶어 놓은
모양을 본뜬 글자이다.
束 자에는 약속하다는
뜻도 있다.

■ **활용 단어**

拘束(구속) – 잡아 묶는 것.
約束(약속) – 어떤 일을 어떻게 할 것인가를 상대방과 맺음.

속

束 速

速 빠를 속

나아가는 속도가
빠르다.

■ **활용 단어**

速度(속도) – 빠른 정도.
高速(고속) – 매우 빠른 속도.

賴 의지할 뢰

칼과 묶어 놓은 재물에 의지하다.
칼로는 안전을 지키고,
묶어 놓은 재물로는
편안한 생활을 하다.

■ 활용 단어

信賴(신뢰) – 믿고 의지함.
依賴(의뢰) – 남에게 어떤 일을 해줄 것을 부탁함.

革 가죽 혁

짐승 가죽을 벗겨서 말리는 모양을 본뜬 글자이다.
가죽을 벗겨 안과 밖을 완전히 뒤집듯이 어떤 일을 확 바꾼다는 의미에서 고치다는 뜻이 생겼다.

■ 활용 단어

革帶(혁대) – 가죽 띠.
革新(혁신) – 고쳐서 새롭게 함.

상
相 想 霜

相 서로 상

뜻(나무)
相
뜻(눈)

나무와 눈으로 서로 보다.
相 자에는 모습이라는
뜻도 있다.

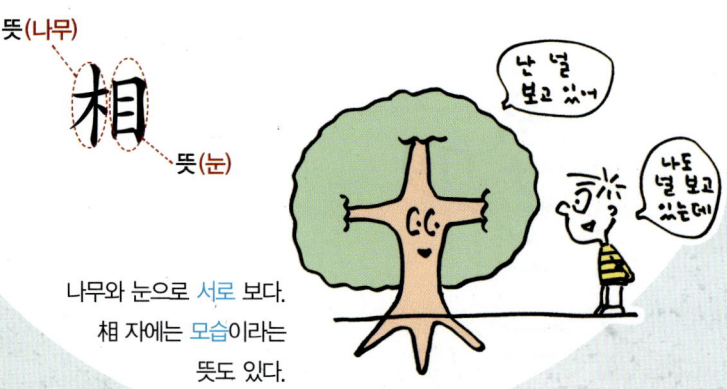

■ **활용 단어**

相關(상관) – 서로 관계를 가짐.
眞相(진상) – 참모습.

상
相 想 霜

想 생각할 상

想
음(상)
뜻(마음)

상상의 세계엔 눈이 많이 달린 나무가 있을지도 몰라

마음으로 생각하다.

■ **활용 단어**

想像(상상) – 마음속으로 생각하여 그려 봄.
空想(공상) – 현실에 없는 것을 막연히 상상하는 것.

상
相 想 霜

霜 서리 상

뜻(공중)
霜
음(상)

공중에서 내리는 서리.
霜 자에는 세월이라는
뜻도 있다.

밤새 서리가 내렸네

■ 활용 단어

- 雪上加霜(설상가상) – 눈 위에 서리가 더한다는 뜻으로, 어려운 일이 계속 생긴다는 의미.
- 星霜(성상) – 별이 한 바퀴 돌고 서리가 내리면 일년. "기나긴 성상을…"

粧 단장할 장

뜻(쌀)　뜻(집)

粧

뜻(흙)

쌀가루같이 고운 흙으로
집을 단장하다.

■ **활용 단어**

丹粧(단장) – 곱게 꾸밈.
化粧(화장) – 얼굴에 발라 곱게 꾸밈.

평
平 評

平 고를 평

수평을 이룬 저울을 연상하라.
平 자에는 고르다, 평평하다,
다스리다, 화평하다, 쉽다,
보통의 뜻이 있다.

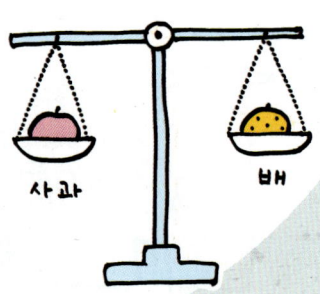

■ 활용 단어

平均(평균) – 고르게 하는 것.
平野(평야) – 평평한 들.
平定(평정) – 반란이나 소요를 힘으로 다스려 바로 잡음. "반란을 평정하다"
平和(평화) – 싸움이 없이 화목함.
平易(평이) – 쉬움.
平凡(평범) – 보통임.

평
平 評

評 평론할 평

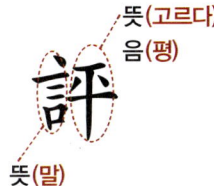
뜻(고르다)
음(평)
뜻(말)

한쪽으로 치우치지 않고
고르게 말로 평론하다.

활용 단어

批評(비평) – 잘잘못을 따지고 평론함.
評論(평론) – 어떤 대상의 가치 따위를 논함. "문학 평론"

정   증
正 政 征 整 定   症

正 바를 정

모양
부수(발, 止)

글자의 아랫부분 止(지)는
발을 의미하는 부수이다.
골프에서 퍼팅할 때 선 앞에 발을
바르게 놓은 모습을 연상하라.

■ **활용 단어**

正直(정직) – 마음이 바르고 곧음.
正義(정의) – 올바른 도리. "정의의 실현"

정	증
正 政 征 整 定	症

政 정사 정

뜻(치다)
뜻(바르다)
음(정)

몽둥이로 쳐서
바르게 하듯이
바르게 다스리는
것이 정사.

- **활용 단어**

政治(정치) – 나라를 다스리는 것.
善政(선정) – 바르게 다스리는 정치. "선정을 펴다"

정	증
正 政 征 整 定	症

征 칠 정

뜻(나아가다)
征
음(정)

나아가서 적을 치다.

■ **활용 단어**

- 征伐(정벌) – 적을 침.
- 征服(정복) – 쳐서 복종시킴.

정	증
正 政 征 整 定	症

整 가지런할 정

뜻(묶다) · · · 뜻(치다)
뜻(바르다)
음(정)

몽둥이로 쳐서 바르게 묶으니
가지런하다.

- **활용 단어**

  整頓(정돈) – 가지런하게 함.
  整理(정리) – 가지런하게 처리함.

정	증
正 政 征 整 定	症

定 정할 정

뜻(집)
뜻(바르다, 正)
음(정)

집안의 물건 위치를 바르게 정하다.
글자의 아랫부분 龰은
正(바를 정) 자의 변형이다.

■ 활용 단어

決定(결정) – 결단하여 정함.
確定(확정) – 확실하게 정함.

정	증
正 政 征 整 定	症

症 병증세 증

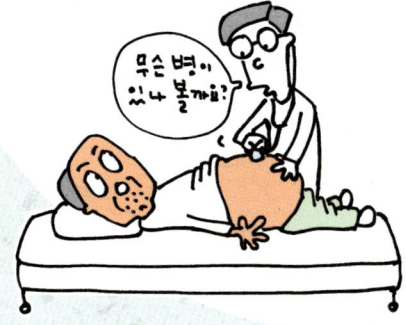

병이 걸리면
나타나는 증세.

■ **활용 단어**

症勢(증세) – 병으로 나타나는 여러 가지 상태.
症狀(증상) – 증세.

疾 병 질

뜻(병)
疾
뜻(화살)

화살에 맞아 병이 걸리다.
疾 자에는 빠르다는
뜻도 있다.

■ **활용 단어**

疾病(질병) – 온갖 병.
疾走(질주) – 빠르게 달림.

布 베 포

뜻(손)
뜻(천)

손으로 천의 일종인 베를 펴다.

■ 활용 단어

- 布木(포목) – 베와 무명 옷감을 뜻함. "포목 장사"
- 宣布(선포) – 펴듯이 세상에 널리 알림.

희
希 稀

 바랄 희

베의 실이 성기게 짜인 모습(爻)에서
드물다라는 뜻을 지녔다가
바라다라는 뜻으로 쓰이게 되었다.
대개 간절하게 바라는 것은
이루어질 확률이
드물기 때문일까?

- **활용 단어**
- 希望(희망) – 기대를 가지고 바람.

희

希 稀

稀 드물 희

음 (희)
뜻 (곡식)

곡식이 <u>드문드문</u> 나다.
希 자가 베의 성긴 모습에서
'바라다'라는 뜻으로 쓰이게 되자
왼쪽 부분에 '곡식'을 뜻하는
부수 禾를 더하여 稀 자를
만들었다.

- **활용 단어**

稀貴(희귀) – 드물고 진귀함.
稀薄(희박) – 드물고 엷다는 뜻에서 밀도가 낮거나 가능성이 적다는 의미.

윤
閏 潤

閏 윤달 윤

뜻(문)
閏
뜻(왕)

임금이 궁궐 문 밖으로 나가지 못했던 윤달. 옛날에 윤달이 되면 임금이 바깥출입을 삼가고 종묘 안에서만 기거했다고 생각하라.

- **활용 단어**

  閏(윤)달 – 달력의 계절과 실제 계절을 조절하기 위해 추가한 달.
  閏年(윤년) – 윤달이 있는 해.

윤
閏 潤

潤 윤택할 윤

음(윤)

뜻(물)

물 같은 기름기가 돌아
번들거릴 정도로
윤택하다.

■ 활용 단어

- 潤氣(윤기) – 번들거리는 기운. "얼굴에 윤기가 흐르다"
- 潤澤(윤택) – 윤기가 있음. 또는 살림이 넉넉함. "윤택한 가정에서 자라다"

관
貫 慣

貫 꿸 관

모양

뜻 (재물)

글자의 윗부분 田은
재물을 꿰어 놓은
모습이다.

■ **활용 단어**

貫通(관통) – 꿰뚫는 것.
貫徹(관철) – 어려움을 뚫고 목적을 이루는 것.

관
貫 慣

慣 버릇 관

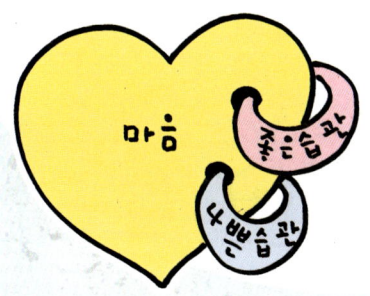

마음을 꿰어놓은 듯
버리지 못하는
익숙한 버릇.

■ **활용 단어**

習慣(습관) – 되풀이하여 생긴 버릇.
慣例(관례) – 사회에서 오랫동안 하면서 습관이 된 예.

實 가득할 실

집 안에 줄로 꿰어 놓은 재물이 가득하다. 實 자에는 속이 가득한 열매와 실제라는 뜻도 있다.

- **활용 단어**

  內實(내실) – 속이 가득하다는 뜻으로, 내용이 알찬 것을 뜻함.
  果實(과실) – 열매.
  實感(실감) – 실제로 느껴짐.

筆 붓 필

뜻(대나무)
筆
뜻(붓)

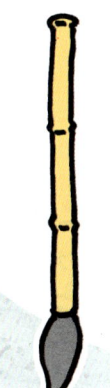

대나무로 만든 붓.
筆 자에는 글씨라는
뜻도 있다.

■ **활용 단어**

畵筆(화필) – 그림 그릴 때 쓰는 붓.
達筆(달필) – 능숙하게 잘 쓴 글씨.

계
系 係

系 이을 계

모양(하나)
뜻(실)

하나의 실로 연결하듯
계통을 잇다.

- **활용 단어**
  - 家系(가계) – 한 집안의 계통.
  - 系譜(계보) – 계통을 적은 책.

계

系 係

係 관계할 계

뜻(잇다)
음(계)
뜻(사람)

사람과 이어져서 관계하다.

■ **활용 단어**

關係(관계) – 둘 이상이 서로 얽혀져서 관련이 있음.

孫 손자 손

뜻(자식)
孫
뜻(잇다)

자식의 뒤를 이은 손자.

- **활용 단어**

  孫子(손자) - 자녀의 아들.
  子孫(자손) - 자식과 손자를 뜻하며, 후손을 의미하기도 함.

甘 달 감

혀 가운데 작은 선을 그어
단맛을 보는 모양을
본뜬 글자이다.

■ **활용 단어**

甘味(감미) – 단맛. "감미롭다"
甘受(감수) – 힘든 것을 달갑게 받아들임.

모	매
某謀	媒

某 어떤 모

뜻(달다)
某
뜻(나무)

나무에 달린
달콤한 어떤 것.

어떤 과일인데 이렇게 달지?

- **활용 단어**

  某處(모처) – 어떤 곳.
  某種(모종) – 어떤 종류. "모종의 조치를 취하다"

謀 꾀할 모

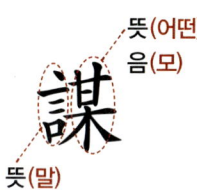

뜻(어떤)
음(모)
뜻(말)

말을 나누며
어떤 것을 꾀하다.

활용 단어

陰謀(음모) – 몰래 나쁜 일을 꾀함.
參謀(참모) – 윗사람을 도와 어떤 일을 꾀하는 데에 참여함.

모	매
某謀	媒

媒 중매 매

뜻(여자)
媒
뜻(어떤)
음(모→매)

여자에게 어떤 남자를 중매하다.

■ 활용 단어

仲媒(중매) – 결혼이 이루어지도록 남녀를 소개하는 일.
媒介體(매개체) – 둘 사이를 소개하여 이어주는 역할을 하는 물체.
"인터넷이라는 매개체를 통하여…"

律 법률

뜻(붓)
모양(길거리)

길거리에 붓으로 써 붙여 놓은 법. 음에도 법이 있다는 의미에서 음률이라는 뜻도 있다.

활용 단어

法律(법률) - 국가에서 정한 규율.
音律(음률) - 소리의 높고 낮음과 박자.

기 | 개 | 비
己 起 忌 紀 記 | 改 | 妃

己 자기 기

자기를 뜻하는 글자이다.

■ **활용 단어**

自己(자기) – 나 자신.
利己主義(이기주의) – 자기 이익만 챙기는 사고 방식.

起 일어날 기

음(기)
뜻(달리다)

달리려고 일어나다.

■ 활용 단어

再起(재기) – 다시 일어남.
蜂起(봉기) – 벌떼처럼 일어남.

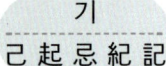

忌 꺼릴 기

음 (기)
뜻 (마음)

마음으로 꺼리다.
忌 자에는 미워하다는
뜻도 있다.

활용 단어

忌避(기피) – 꺼려서 피함.
妬忌(투기) – 사랑하는 사람들 사이에서 상대방이 다른 이성을 좋아할 경우에 질투하고 싫어하는 것.

기	개	비
己 起 忌 紀 記	改	妃

紀 벼리 기

紀
- 음 (기)
- 뜻 (실)

실로 만든 벼리.
벼리란 그물의 위쪽 코를 꿰어
오므렸다 폈다 하는 줄로, 그물에서는
아주 중요한 부분이다.
벼리가 그물 전체를 조절하는 부분이라는
뜻에서 규율이라는 뜻이 생겼다.
또한 紀 자에는 해(year)라는 뜻도 있다.

■ 활용 단어

紀綱(기강) – 벼리에 해당되는 사회의 기본이 되는 규율. "기강을 바로잡다"
紀元(기원) – 연대를 계산할 때 기준이 되는 해.

記 기록할 기

 뜻(글)

음(기)

글로 기록하다.

■ **활용 단어**

記錄(기록) – 무엇에 대하여 적음.
日記(일기) – 날마다 겪은 일과 느낀 점을 적은 글.

기	개	비
己起忌紀記	改	妃

改 고칠 개

뜻(치다)
뜻(자기)
음(기→개)

내 몸을 스스로 때려서라도 나쁜 버릇을 고쳐야지

철썩

자기 스스로
몽둥이로 치며,
잘못을 고치다.

■ **활용 단어**

悔改(회개) – 뉘우치고 고침.
改善(개선) – 고쳐서 더 좋게 함.

기	개	비
己 起 忌 紀 記	改	妃

妃 왕비 비

뜻(여자)
妃
음(기→비)

여자인 왕비.

■ **활용 단어**

- 王妃(왕비) – 왕의 아내.
- 廢妃(폐비) – 자리에서 물러난 왕비.

困 곤할 곤

나무가 둘레에
갇혀 곤하다.

- **활용 단어**

  困境(곤경) – 어려운 형편.
  貧困(빈곤) – 가난하여 살기가 어려움.

주
主 注 柱 住

主 주인 주

호롱불 심지에서 불이 타고 있는 모습을 본뜬 글자로, 주변 사람들에게 영향을 주는 주인이라는 뜻이다.

■ **활용 단어**

- 主人(주인) – 어떤 것을 소유한 사람.
- 主從(주종) – 주인과 하인. "주종 관계"

주
主 注 柱 住

注 물댈 주

물을 끌어와서 논에 물을 대다.
注 자는 정신을 쏟다는
뜻으로도 쓰인다.

- **활용 단어**
- 注油所(주유소) – 기름을 넣어주는 곳.
- 注視(주시) – 정신을 쏟아 잘 봄.

주
主 注 柱 住

柱 기둥 주

뜻(나무)
柱
음(주)

나무로 만든 기둥.

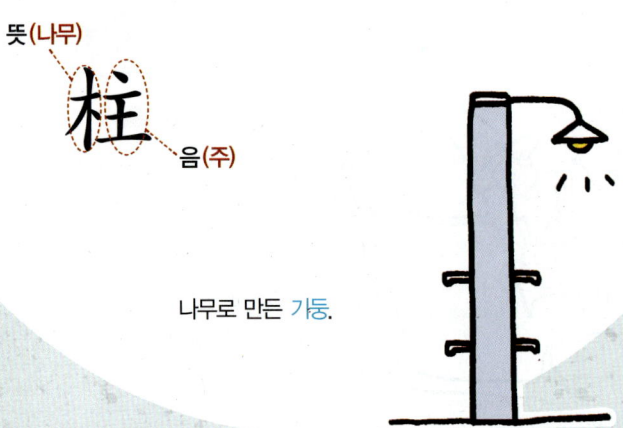

■ **활용 단어**

電柱(전주) – 전봇대.
支柱(지주) – 버팀이 되는 기둥. "정신적인 지주"

주
主 注 柱 住

住 살 주

음(주)
뜻(사람)

사람이 살다.

- **활용 단어**

住民(주민) – 일정한 구역 안에 살고 있는 사람.
原住民(원주민) – 그 지역에 본래부터 살고 있는 사람.

往 갈 왕

뜻(나아가다)
뜻(주인)

주인의 심부름으로 길을 나아가다.
往 자는 옛, 이따금의 의미로
쓰이기도 한다.

■ 활용 단어

往來(왕래) – 가고 오는 것.
往年(왕년) – 지나간 해.
往往(왕왕) – 이따금.

漏 샐 루

모양(지붕)
뜻(물) 뜻(비)

글자의 오른쪽 바깥 부분 尸는 처마가 있는 지붕을 나타낸다. 비가 와서 지붕에 물이 새다.

▶ 활용 단어

漏水(누수) – 물이 샘.
漏出(누출) – 새어서 밖으로 나옴.

복	박
卜	朴

점 복

옛날 중국 은나라에서는 거북의
등 껍데기를 불에 구워서 생긴
금 모양으로 점을 쳤는데,
그 금 모양을 본뜬 글자이다.

- **활용 단어**

  卜債(복채) – 점을 쳐 준 값으로 주는 돈.

복	박
卜	朴

朴 후박나무 박

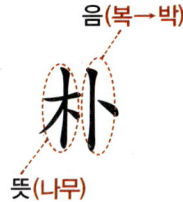

음(복→박) 朴 뜻(나무)

나무의 한 종류인 후박나무.
朴 자는 순박하다는 뜻으로
쓰일 뿐만 아니라 우리나라의
성씨 중 하나인 박 씨를
나타낸다.

■ 활용 단어

厚朴(후박)나무 – 상록 활엽수의 하나.
素朴(소박) – 꾸밈이 없고 순박함.
朴氏(박씨) – 성이 박가인 사람.

外 바깥 외

뜻(저녁)
外
뜻(점)

저녁에 점을 치기 위해 바깥으로 나가다. 外 자는 멀리하다, 외가의 의미로 쓰이기도 한다.

- **활용 단어**

    外部(외부) – 바깥 부분.
    外面(외면) – 얼굴을 돌리고 멀리함.
    外家(외가) – 어머니의 친정.

黑 검을 흑

온몸이 검게 그을리다.

- **활용 단어**

  黑色(흑색) – 검은색.
  黑人(흑인) – 피부가 검은 사람.

점
占 店 點

占

점칠 점, 차지할 점

뜻(점)

뜻(입)

두 가지의 전혀 다른 뜻을
지닌 글자이다.
입으로 점괘를 말하니 점치다.
또한 깃발을 세우며 차지하다.

■ **활용 단어**

占卦(점괘) – 점을 쳐서 나온 결과.
占領(점령) – 어떤 지역을 차지함.

점
占 店 點

店 가게 점

- 뜻(집)
- 음(점)

집에 가게를 차리다.

- **활용 단어**

  商店(상점) – 물건을 파는 가게.
  書店(서점) – 책을 파는 가게.

점
占 店 點

點 점찍을 점

뜻(검다)
음(점)

검은 점을 찍다.
點 자에는 불을 켜다,
점검하다는 뜻도 있다.

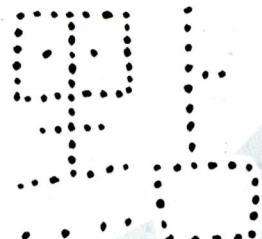

■ 활용 단어

點線(점선) – 점들로 이루어진 선.
點火(점화) – 불을 켜는 것.
點檢(점검) – 하나하나 검사함.

정면에서 바라본 소의 머리 모양을 본뜬 글자이다.

■ **활용 단어**

牛乳(우유) – 젖소의 젖.
鬪牛士(투우사) – 투우 경기에서 소와 싸우는 사람.

물

勿 物

勿 말 물

놀이를 하다가
그만두는 모습에서
무언가를 하지 말다(not)라는
뜻을 연상하라.

- **활용 단어**

  勿論(물론) – '논하지 마라'는 뜻이며, '말할 것도 없다'는 의미.
  勿驚(물경) – '놀라지 마라'는 뜻이며, '놀랍게도'라는 의미.
  　　　　　"로또 당첨금이 물경 수백억 원"

물

勿 物

物 만물 물

음(물)
뜻(소)

옛날에는 소가 만물의 대표였다고 생각하라. 농경사회였던 옛날에는 소가 가장 중요한 재산이었으니까.

- **활용 단어**

  動物(동물) – 짐승·새·벌레·물고기 따위의 생물.
  植物(식물) – 풀이나 나무 따위의 생물.

忽 소홀히 할 홀, 갑자기 홀

뜻(말다)
뜻(마음)

마음으로 생각 말고 소홀히 하다.
忽 자에는 갑자기라는 뜻도 있다.

- **활용 단어**

  疏忽(소홀) – 대수롭지 않게 여기고 정성이 부족함.
  忽然(홀연) – 갑자기.

男 사내 남

男
뜻(밭)
뜻(힘)

밭에서 힘써서
일하는 사내.
男 자는 아들이라는
뜻으로도 쓰인다.

■ **활용 단어**

男子(남자) – 사내.
長男(장남) – 맏아들.

부	추
阜	追

阜 언덕 부

그림과 같은 언덕을 연상하라.
부수로 쓰일 때는 ß 형태로 쓰며,
'좌부방'이라고 한다.

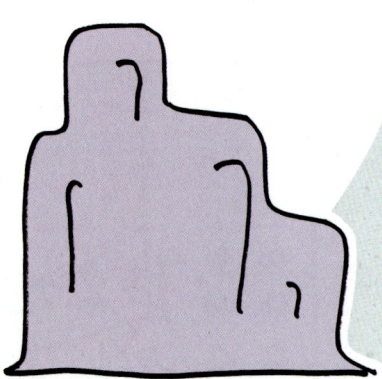

追 쫓을 추

뜻(언덕, 阜)
음(부 → 추)
뜻(나아가다)

언덕에서 나아가며 쫓다.
追 자에는 따르다는
뜻도 있다.

활용 단어

追擊(추격) – 쫓아가서 공격함.
追從(추종) – 뒤를 따름.

帥 장수 수

음(阜, 부→수)

帥

뜻(천)

'장수'라고 적힌 천을 어깨에 두른 장수.

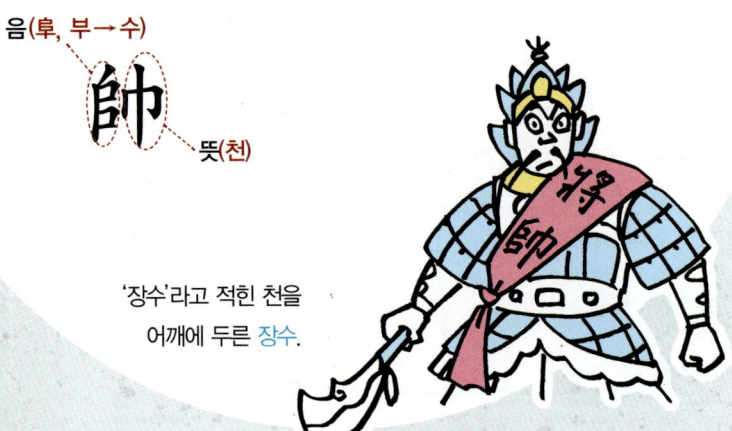

- **활용 단어**

  將帥(장수) – 군사를 거느리는 우두머리.
  元帥(원수) – 군인의 가장 높은 계급. "맥아더 원수"

수	사
帥	師

師 스승 사

뜻(장수)
음(수 → 사)
모양
師

스승이 장수의 머리에
손을 댄 모습을 연상하라.
스승이란 뜻에서 더 나아가
전문적인 기예를 닦은 사람을
의미하기도 한다.

■ 활용 단어

師父(사부) – '스승'의 높임말.
醫師(의사) – 병자를 진찰하고 치료하는 일을 직업으로 하는 사람.

· 1893 漢字 찾아보기 ·

이 책은 정부에서 공표한 상용한자 1800자를 기본으로 하였고, 그 외에 93자를 추가하여 총 1893자를 수록하였습니다.
이 책에 수록된 1893자는 한자능력검정시험 3급에 해당되는 한자 1817자를 모두 포함하였으며, 한자능력검정시험 8급~3급 한자 찾아보기는 8권 뒷부분에 별도로 첨부하였습니다.
참고로 상용한자 1800자 외에 추가로 수록한 한자들은 쉽게 구분할 수 있도록 빨간 색으로 처리하였습니다.

※ 찾아보기에서 한자 옆의 숫자는 해당 한자가 수록된 권과 페이지 표시입니다.

|가|
佳 ····· 4-101
假 ····· 4-124
價 ····· 7-187
加 ····· 3-238
可 ····· 5-60
家 ····· 7-215
暇 ····· 4-125
架 ····· 3-239
歌 ····· 5-61
街 ····· 4-102

|각|
刻 ····· 5-213
却 ····· 5-186
各 ····· 3-192
脚 ····· 5-187
覺 ····· 4-85
角 ····· 5-225
閣 ····· 3-193

|간|
刊 ····· 1-71
姦 ····· 4-225
干 ····· 1-70
幹 ····· 6-164
懇 ····· 5-113
看 ····· 3-118
簡 ····· 1-175
肝 ····· 1-72
間 ····· 1-174
艮 ····· 5-112

|갈|
渴 ····· 4-74

|감|
感 ····· 5-72
敢 ····· 4-231
減 ····· 5-71
甘 ····· 2-215
監 ····· 3-148
鑑 ····· 3-149

|갑|
甲 ····· 3-140

|강|
剛 ····· 4-72
康 ····· 8-217
强 ····· 8-28
江 ····· 3-162
綱 ····· 4-71
講 ····· 3-204
鋼 ····· 4-70
降 ····· 8-161

|개|
介 ····· 1-196
個 ····· 5-35
慨 ····· 2-19
改 ····· 2-225
槪 ····· 2-20
皆 ····· 6-170
蓋 ····· 5-183

開 ····· 5-232

|객|
客 ····· 3-198

|갱|
更 ····· 5-196

|거|
去 ····· 5-182
居 ····· 5-33
巨 ····· 4-8
拒 ····· 4-9
據 ····· 8-33
擧 ····· 6-92
距 ····· 4-10
車 ····· 1-100

|건|
乾 ····· 6-159
件 ····· 6-15
健 ····· 2-157
建 ····· 2-156
巾 ····· 1-41

|걸|
乞 ····· 6-158
傑 ····· 7-125

|검|
儉 ····· 4-61
劍 ····· 4-60

檢 ····· 4-62

|격|
擊 ····· 8-152
格 ····· 3-194
激 ····· 8-220
隔 ····· 6-207

|견|
堅 ····· 4-86
牽 ····· 8-129
犬 ····· 1-25
絹 ····· 6-156
肩 ····· 3-67
見 ····· 1-132
遣 ····· 8-189

|결|
決 ····· 2-68
潔 ····· 8-41
結 ····· 2-151
缺 ····· 2-70
訣 ····· 2-69

|겸|
兼 ····· 2-158
謙 ····· 2-159

|경|
京 ····· 7-68
傾 ····· 1-189
卿 ····· 8-237

境	4-246	計	3-61	|곤|		慣	2-209
庚	8-240	階	6-171	骨	7-211	管	5-84
徑	1-104	鷄	7-93			觀	3-224
慶	8-166			|공|		貫	2-208
敬	5-128	|고|		供	4-170	關	7-142
景	7-72	古	5-28	公	3-186	館	5-83
硬	5-197	告	3-144	共	4-168		
竟	4-244	固	5-34	功	3-156	|광|
競	5-69	姑	5-30	孔	3-99	光	7-63
經	1-102	孤	2-93	工	3-154	廣	2-172
耕	6-245	庫	1-101	恐	3-159	狂	1-27
警	5-130	故	5-32	恭	4-169	鑛	2-173
輕	1-103	枯	5-29	攻	3-157		
鏡	4-245	稿	1-153	空	3-155	|괘|
頃	1-188	考	6-169	貢	3-158	掛	4-105
驚	5-129	苦	5-31			卦	4-104
更	5-196	顧	6-53	|과|			
		高	1-152	寡	8-95	|괴|
|계|	鼓	8-42	果	1-244	塊	1-156
係	2-213	雇	6-52	科	1-40	壞	4-190
啓	5-73			誇	8-169	怪	8-192
契	8-40	|곡|	課	1-245	愧	1-155
季	8-97	哭	7-152	過	4-80		
戒	2-16	曲	8-230	瓜	2-92	|교|
桂	4-103	穀	8-219			交	1-204
械	2-17	谷	1-240	|곽|	巧	6-168
溪	7-94			郭	6-197	教	8-98
界	1-197	|곤|			校	1-205
癸	8-240	困	2-227	|관|	橋	2-62
系	2-212	坤	3-103	冠	8-76	矯	2-61
繫	8-153	昆	6-42	官	5-82	較	1-206
繼	8-150			寬	8-77	郊	1-207

喬 ····· 2-60

|구|
丘 ····· 7-126
久 ····· 8-237
九 ····· 1-200
俱 ····· 4-161
具 ····· 4-160
區 ····· 1-112
口 ····· 1-9
句 ····· 5-124
懼 ····· 3-221
拘 ····· 5-125
救 ····· 5-90
構 ····· 3-202
求 ····· 5-88
狗 ····· 5-127
球 ····· 5-89
究 ····· 1-201
舊 ····· 7-230
苟 ····· 5-126
驅 ····· 1-113
龜 ····· 3-135
購 ····· 3-203

|국|
國 ····· 6-137
局 ····· 3-79
菊 ····· 8-104

|군|
君 ····· 1-90
群 ····· 1-92
軍 ····· 7-64
郡 ····· 1-91

|굴|
屈 ····· 5-207

|궁|
宮 ····· 5-181
弓 ····· 1-120
窮 ····· 1-121

|권|
券 ····· 4-224
勸 ····· 3-227
卷 ····· 4-223
拳 ····· 4-222
權 ····· 3-226

|궐|
厥 ····· 4-240
蹶 ····· 4-241

|궤|
軌 ····· 1-202

|귀|
歸 ····· 8-56
貴 ····· 7-144
鬼 ····· 1-154
龜 ····· 3-135

|규|
叫 ····· 4-135
糾 ····· 4-134
規 ····· 6-163
閨 ····· 4-100

|균|
均 ····· 8-99
菌 ····· 5-221
龜 ····· 3-135

|극|
克 ····· 6-219
劇 ····· 8-32
極 ····· 8-214

|근|
僅 ····· 4-196
勤 ····· 4-198
斤 ····· 1-58
根 ····· 5-117
謹 ····· 4-197
近 ····· 1-59
筋 ····· 4-119

|금|
今 ····· 6-8
琴 ····· 6-9
禁 ····· 4-147
禽 ····· 8-230
金 ····· 1-228
錦 ····· 7-119

|급|
及 ····· 5-74
急 ····· 8-134
級 ····· 5-75
給 ····· 3-129

|긍|
肯 ····· 8-118

|기|
企 ····· 1-115
其 ····· 6-186
器 ····· 7-153
基 ····· 6-187
奇 ····· 5-66
寄 ····· 5-68
己 ····· 2-220
幾 ····· 3-132
忌 ····· 2-222
技 ····· 1-88
旗 ····· 6-190
旣 ····· 2-18
期 ····· 6-188
棄 ····· 8-45
機 ····· 3-133
欺 ····· 6-189
氣 ····· 1-64
畿 ····· 3-134
祈 ····· 1-151
紀 ····· 2-223
記 ····· 2-224
豈 ····· 8-94

| 기 |
起 ····· 2-221
飢 ····· 7-235
騎 ····· 5-67
汽 ····· 1-65

| 긴 |
緊 ····· 4-88

| 길 |
吉 ····· 2-150

| 김 |
金 ····· 1-228

| 나 |
那 ····· 8-242

| 낙 |
諾 ····· 8-67

| 난 |
暖 ····· 6-226
難 ····· 4-201

| 남 |
南 ····· 8-226
男 ····· 2-245

| 납 |
納 ····· 7-239

| 낭 |
娘 ····· 5-105

| 내 |
乃 ····· 8-239
內 ····· 7-238
奈 ····· 8-241
耐 ····· 6-237

| 녀 |
女 ····· 1-50

| 년 |
年 ····· 8-236

| 념 |
念 ····· 6-14

| 녕 |
寧 ····· 8-162

| 노 |
努 ····· 2-65
奴 ····· 2-64
怒 ····· 2-66

| 농 |
農 ····· 7-15

| 뇌 |
惱 ····· 1-221
腦 ····· 1-220

| 능 |
能 ····· 7-198

| 니 |
泥 ····· 8-205

| 다 |
多 ····· 7-180
茶 ····· 8-179

| 단 |
丹 ····· 8-231
但 ····· 2-163
單 ····· 5-192
團 ····· 3-177
壇 ····· 2-166
斷 ····· 8-151
旦 ····· 2-162
檀 ····· 2-167
段 ····· 8-60
短 ····· 7-37
端 ····· 7-91

| 달 |
達 ····· 8-203

| 담 |
擔 ····· 6-60
淡 ····· 7-90
談 ····· 7-89
膽 ····· 6-61

| 답 |
畓 ····· 5-85
答 ····· 3-127
踏 ····· 5-17

| 당 |
唐 ····· 6-126
堂 ····· 3-24
當 ····· 3-25
糖 ····· 6-127
黨 ····· 3-26

| 대 |
代 ····· 6-100
大 ····· 2-110
對 ····· 8-193
帶 ····· 7-138
待 ····· 6-83
臺 ····· 8-131
貸 ····· 6-101
隊 ····· 7-179

| 덕 |
德 ····· 5-220

| 도 |
倒 ····· 2-75
刀 ····· 1-66
到 ····· 2-74
圖 ····· 2-133
塗 ····· 6-108
導 ····· 2-33

島	1-33	動	3-235	落	3-196	糧	2-147
度	6-104	同	5-46			良	5-102
徒	3-173	東	4-24	|란|		諒	7-70
挑	2-126	洞	5-47	亂	8-24	量	2-146
桃	2-128	童	5-150	卵	3-95		
渡	6-105	銅	5-48	欄	4-155	|려|	
盜	4-199			蘭	4-154	勵	8-23
稻	7-231	|두|				慮	6-249
跳	2-125	斗	1-37	|람|		旅	8-16
逃	2-127	豆	6-18	濫	3-150	麗	6-247
途	6-110	頭	6-19	覽	3-151		
道	2-32	讀	7-55			|력|	
都	5-246			|랑|		力	2-47
陶	6-243	|둔|		廊	5-107	曆	4-163
		屯	5-98	浪	5-104	歷	4-162
|독|		鈍	5-99	郎	5-106	鬲	6-206
毒	8-225			朗	5-103		
獨	5-229	|득|				|련|	
督	4-110	得	2-164	|래|		憐	4-13
篤	7-107			來	8-234	戀	7-194
讀	7-55	|등|				練	4-153
		燈	6-23	|랭|		聯	7-143
|돈|		登	6-22	冷	5-168	蓮	1-227
敦	6-198	等	6-85			連	1-226
豚	5-209	騰	4-227	|략|		鍊	4-152
				掠	7-71		
|돌|		|라|		略	3-197	|렬|	
突	4-57	羅	5-205			列	2-176
				|량|		劣	4-203
|동|		|락|		兩	1-186	烈	2-177
冬	5-164	樂	1-178	凉	7-69	裂	2-178
凍	4-25	絡	3-195	梁	4-247		

|렴|
廉 ····· 2-160

|렵|
獵 ····· 8-126

|령|
令 ····· 5-166
嶺 ····· 5-171
零 ····· 5-167
靈 ····· 7-151
領 ····· 5-170

|례|
例 ····· 2-179
禮 ····· 7-214
隷 ····· 8-39

|로|
勞 ····· 8-149
爐 ····· 5-177
老 ····· 6-167
路 ····· 3-200
露 ····· 3-201

|록|
祿 ····· 4-145
綠 ····· 4-144
錄 ····· 4-146
鹿 ····· 6-246

|론|
論 ····· 4-122

|롱|
弄 ····· 4-230

|뢰|
賴 ····· 2-188
雷 ····· 3-105

|료|
了 ····· 6-193
僚 ····· 6-57
料 ····· 3-222
療 ····· 6-56

|룡|
龍 ····· 7-216

|루|
屢 ····· 4-185
樓 ····· 4-184
淚 ····· 6-192
漏 ····· 2-233
累 ····· 7-140

|류|
柳 ····· 7-147
流 ····· 6-48
留 ····· 8-30
類 ····· 8-91
硫 ····· 6-49

|륙|
六 ····· 8-238
陸 ····· 7-246

|륜|
倫 ····· 4-121
輪 ····· 4-120

|률|
律 ····· 2-219
栗 ····· 8-141
率 ····· 8-235

|륭|
隆 ····· 8-160

|릉|
陵 ····· 8-201

|리|
利 ····· 1-184
吏 ····· 8-12
履 ····· 4-94
李 ····· 1-219
梨 ····· 1-185
理 ····· 5-109
裏 ····· 5-110
里 ····· 5-108
離 ····· 6-58
璃 ····· 6-59

|린|
隣 ····· 4-12

|림|
林 ····· 3-115
臨 ····· 8-36

|립|
立 ····· 7-79

|마|
磨 ····· 1-235
馬 ····· 1-110
麻 ····· 1-234

|막|
幕 ····· 7-18
漠 ····· 7-17
莫 ····· 7-16

|만|
慢 ····· 2-101
晚 ····· 3-216
滿 ····· 8-209
漫 ····· 2-100
萬 ····· 8-22
蠻 ····· 7-192

|말|
末 ····· 2-27

257

망
亡 ····· 5-18
妄 ····· 5-19
忘 ····· 5-21
忙 ····· 5-23
望 ····· 5-22
罔 ····· 5-26
茫 ····· 5-20
網 ····· 5-27

매
埋 ····· 5-149
妹 ····· 2-26
媒 ····· 2-218
梅 ····· 3-207
每 ····· 3-206
買 ····· 7-53
賣 ····· 7-54

맥
脈 ····· 8-15
麥 ····· 8-234

맹
孟 ····· 1-238
猛 ····· 1-239
盲 ····· 5-24
盟 ····· 1-193

면
免 ····· 3-214
勉 ····· 3-215
眠 ····· 6-17
綿 ····· 7-118
面 ····· 4-69

멸
滅 ····· 7-164

명
冥 ····· 8-115
名 ····· 1-230
命 ····· 5-169
明 ····· 1-192
銘 ····· 1-231
鳴 ····· 1-36

모
侮 ····· 3-209
冒 ····· 6-66
募 ····· 7-20
慕 ····· 7-21
暮 ····· 7-22
某 ····· 2-216
模 ····· 7-19
母 ····· 3-205
毛 ····· 3-120
謀 ····· 2-217
貌 ····· 8-124
矛 ····· 2-79
帽 ····· 6-67

목
木 ····· 1-47

| 牧 ····· 4-133 |
| 目 ····· 1-131 |
| 睦 ····· 7-247 |

몰
沒 ····· 8-215

몽
夢 ····· 4-45
蒙 ····· 6-95

묘
卯 ····· 7-146
墓 ····· 7-23
妙 ····· 3-111
廟 ····· 6-162
苗 ····· 3-90

무
務 ····· 2-80
戊 ····· 6-152
武 ····· 4-216
無 ····· 4-59
舞 ····· 4-58
茂 ····· 6-153
貿 ····· 8-31
霧 ····· 2-81
巫 ····· 7-150

묵
墨 ····· 6-215
默 ····· 4-167

문
問 ····· 1-171
文 ····· 5-236
聞 ····· 1-172
門 ····· 1-170
紋 ····· 5-237

물
勿 ····· 2-242
物 ····· 2-243

미
味 ····· 2-25
尾 ····· 3-121
微 ····· 6-144
未 ····· 2-24
眉 ····· 4-115
米 ····· 1-60
美 ····· 1-8
迷 ····· 1-61
薇 ····· 6-145

민
憫 ····· 5-238
敏 ····· 7-158
民 ····· 6-16

밀
密 ····· 4-215
蜜 ····· 4-214

|박|
博 · · · · 7-114
拍 · · · · 3-30
朴 · · · · 2-235
泊 · · · · 3-31
薄 · · · · 7-115
迫 · · · · 3-32

|반|
伴 · · · · 1-223
半 · · · · 1-222
反 · · · · 1-210
叛 · · · · 1-224
班 · · · · 1-183
盤 · · · · 3-66
般 · · · · 3-64
返 · · · · 1-211
飯 · · · · 1-212
搬 · · · · 3-65

|발|
拔 · · · · 4-51
發 · · · · 7-174
髮 · · · · 4-50

|방|
倣 · · · · 3-49
傍 · · · · 3-50
妨 · · · · 3-46
房 · · · · 3-43
放 · · · · 3-48
方 · · · · 3-42

芳 · · · · 3-47
訪 · · · · 3-44
邦 · · · · 8-191
防 · · · · 3-45
榜 · · · · 3-51

|배|
倍 · · · · 4-165
培 · · · · 4-164
拜 · · · · 8-208
排 · · · · 3-84
杯 · · · · 6-214
背 · · · · 1-139
輩 · · · · 3-85
配 · · · · 4-48
北 · · · · 1-138

|백|
伯 · · · · 3-29
白 · · · · 3-28
百 · · · · 4-31

|번|
煩 · · · · 2-63
番 · · · · 3-70
繁 · · · · 7-159
飜 · · · · 3-71

|벌|
伐 · · · · 2-9
罰 · · · · 7-87

|범|
凡 · · · · 3-152
犯 · · · · 4-228
範 · · · · 4-229
帆 · · · · 3-153

|법|
法 · · · · 5-184

|벽|
壁 · · · · 6-232
碧 · · · · 3-33
僻 · · · · 6-233

|변|
變 · · · · 7-193
辨 · · · · 3-247
辯 · · · · 3-246
邊 · · · · 8-165
便 · · · · 5-198

|별|
別 · · · · 8-197

|병|
丙 · · · · 6-154
兵 · · · · 8-74
屛 · · · · 6-54
病 · · · · 6-155
竝 · · · · 8-57
併 · · · · 6-55

|보|
保 · · · · 8-102
報 · · · · 6-124
寶 · · · · 3-11
普 · · · · 5-96
步 · · · · 7-166
補 · · · · 7-108
譜 · · · · 5-97

|복|
伏 · · · · 1-62
卜 · · · · 2-234
復 · · · · 4-92
服 · · · · 6-125
福 · · · · 3-180
腹 · · · · 4-91
複 · · · · 4-90
覆 · · · · 4-93

|본|
本 · · · · 8-140

|봉|
奉 · · · · 6-138
封 · · · · 4-106
峯 · · · · 4-130
蜂 · · · · 4-132
逢 · · · · 4-131
鳳 · · · · 8-180
俸 · · · · 6-139

|부|
付 ····· 3-8
副 ····· 3-183
否 ····· 6-213
夫 ····· 3-76
婦 ····· 8-54
富 ····· 3-182
府 ····· 3-12
扶 ····· 3-77
浮 ····· 3-97
父 ····· 1-24
符 ····· 3-10
簿 ····· 7-113
腐 ····· 3-13
負 ····· 8-72
賦 ····· 4-217
赴 ····· 8-127
部 ····· 4-166
附 ····· 3-9
復 ····· 4-92
阜 ····· 2-246
孵 ····· 3-96
賻 ····· 7-112

|북|
北 ····· 1-138

|분|
分 ····· 1-96
墳 ····· 4-142
奔 ····· 7-124
奮 ····· 7-123
憤 ····· 4-143
粉 ····· 1-98
紛 ····· 1-97

|불|
不 ····· 6-212
佛 ····· 7-103
拂 ····· 7-104
弗 ····· 7-102

|붕|
朋 ····· 1-166
崩 ····· 1-167

|비|
備 ····· 8-117
卑 ····· 5-38
妃 ····· 2-226
婢 ····· 5-39
悲 ····· 3-83
批 ····· 1-137
比 ····· 1-136
碑 ····· 5-40
祕 ····· 7-133
肥 ····· 3-168
費 ····· 7-105
非 ····· 3-82
飛 ····· 3-68
鼻 ····· 8-11
匕 ····· 1-187
沸 ····· 7-106

|빈|
貧 ····· 1-99
賓 ····· 4-176
頻 ····· 7-168

|빙|
氷 ····· 4-23
聘 ····· 8-190

|사|
事 ····· 8-130
仕 ····· 2-149
似 ····· 8-133
使 ····· 8-13
史 ····· 8-232
司 ····· 5-132
四 ····· 8-238
士 ····· 2-148
寫 ····· 8-218
寺 ····· 6-78
射 ····· 1-246
巳 ····· 6-150
師 ····· 2-249
思 ····· 6-248
捨 ····· 1-233
斜 ····· 6-112
斯 ····· 6-191
査 ····· 7-39
死 ····· 7-218
沙 ····· 3-107
社 ····· 5-91
祀 ····· 6-151
私 ····· 3-185
絲 ····· 1-194
舍 ····· 1-232
蛇 ····· 4-187
詐 ····· 6-222
詞 ····· 5-133
謝 ····· 1-247
賜 ····· 7-203
辭 ····· 8-25
邪 ····· 4-17
唆 ····· 7-83

|삭|
削 ····· 2-184
朔 ····· 7-221
索 ····· 8-216

|산|
山 ····· 1-16
散 ····· 8-182
産 ····· 4-204
算 ····· 7-101
酸 ····· 7-82

|살|
殺 ····· 8-206

|삼|
三 ····· 8-139
森 ····· 4-123
蔘 ····· 5-176

|상|
上 ···· 8-70
傷 ···· 7-31
像 ···· 3-245
償 ···· 3-22
商 ···· 8-224
喪 ···· 8-172
嘗 ···· 3-23
尙 ···· 3-18
常 ···· 3-21
床 ···· 2-109
想 ···· 2-191
桑 ···· 8-125
狀 ···· 5-59
相 ···· 2-190
祥 ···· 8-86
裳 ···· 3-20
詳 ···· 8-17
象 ···· 3-244
賞 ···· 3-19
霜 ···· 2-192

|새|
塞 ···· 7-157

|색|
塞 ···· 7-157
索 ···· 8-216
色 ···· 7-176

|생|
生 ···· 1-126

省 ···· 3-110

|서|
序 ···· 5-137
庶 ···· 6-103
徐 ···· 6-113
恕 ···· 6-239
敍 ···· 6-111
暑 ···· 5-243
書 ···· 8-110
緒 ···· 5-244
署 ···· 5-245
西 ···· 8-128
誓 ···· 3-88
逝 ···· 3-89

|석|
夕 ···· 1-229
席 ···· 6-102
惜 ···· 6-181
昔 ···· 6-180
析 ···· 1-93
石 ···· 1-144
釋 ···· 7-78

|선|
仙 ···· 1-17
先 ···· 4-218
善 ···· 8-116
宣 ···· 7-160
旋 ···· 6-227
禪 ···· 5-194

線 ···· 4-19
船 ···· 5-180
選 ···· 8-163
鮮 ···· 8-87

|설|
舌 ···· 7-222
設 ···· 8-61
說 ···· 7-206
雪 ···· 6-203

|섬|
纖 ···· 8-159

|섭|
攝 ···· 2-137
涉 ···· 7-167

|성|
城 ···· 5-52
姓 ···· 1-129
性 ···· 1-128
成 ···· 5-50
星 ···· 1-127
盛 ···· 5-53
省 ···· 3-110
聖 ···· 5-16
聲 ···· 8-52
誠 ···· 5-51

|세|
世 ···· 5-141

勢 ···· 7-240
歲 ···· 7-169
洗 ···· 4-219
稅 ···· 7-210
細 ···· 7-141
說 ···· 7-206

|소|
召 ···· 2-84
小 ···· 2-181
少 ···· 3-106
所 ···· 4-183
掃 ···· 8-55
昭 ···· 2-88
消 ···· 2-183
燒 ···· 6-88
疏 ···· 6-50
笑 ···· 8-47
素 ···· 8-170
蔬 ···· 6-51
蘇 ···· 5-163
訴 ···· 7-135
騷 ···· 8-157

|속|
俗 ···· 1-241
屬 ···· 5-230
束 ···· 2-186
粟 ···· 8-101
續 ···· 7-56
速 ···· 2-187

261

|손|
孫 · · · · 2-214
損 · · · · 5-191

|솔|
率 · · · · 8-235

|송|
松 · · · · 3-187
訟 · · · · 3-189
誦 · · · · 7-100
送 · · · · 8-202
頌 · · · · 3-188

|쇄|
刷 · · · · 5-185
鎖 · · · · 6-89
殺 · · · · 8-206

|쇠|
衰 · · · · 8-123

|수|
修 · · · · 7-188
受 · · · · 6-70
囚 · · · · 7-130
垂 · · · · 6-34
壽 · · · · 5-156
守 · · · · 1-203
帥 · · · · 2-248
愁 · · · · 1-249
手 · · · · 1-85

授 · · · · 6-71
搜 · · · · 8-114
收 · · · · 8-183
數 · · · · 4-186
樹 · · · · 6-116
殊 · · · · 5-121
水 · · · · 1-21
獸 · · · · 8-181
睡 · · · · 6-35
秀 · · · · 5-138
誰 · · · · 3-220
輸 · · · · 6-210
遂 · · · · 7-178
隨 · · · · 4-114
雖 · · · · 8-29
需 · · · · 7-154
須 · · · · 4-95
首 · · · · 2-31
繡 · · · · 6-129

|숙|
叔 · · · · 4-108
孰 · · · · 6-200
宿 · · · · 4-32
淑 · · · · 4-109
熟 · · · · 6-201
肅 · · · · 6-128

|순|
巡 · · · · 1-106
循 · · · · 3-75
旬 · · · · 2-76

殉 · · · · 2-77
瞬 · · · · 8-199
純 · · · · 5-100
脣 · · · · 7-14
順 · · · · 7-195
盾 · · · · 3-74

|술|
戌 · · · · 7-162
術 · · · · 6-26
述 · · · · 6-27

|숭|
崇 · · · · 7-197

|습|
濕 · · · · 8-68
拾 · · · · 3-130
習 · · · · 5-131
襲 · · · · 7-217

|승|
乘 · · · · 8-103
僧 · · · · 2-98
勝 · · · · 4-226
承 · · · · 8-225
昇 · · · · 8-204
丞 · · · · 6-204

|시|
侍 · · · · 6-79
始 · · · · 7-49

市 · · · · 7-226
施 · · · · 7-186
是 · · · · 7-32
時 · · · · 6-80
矢 · · · · 2-59
示 · · · · 1-134
視 · · · · 1-135
試 · · · · 3-165
詩 · · · · 6-81
匙 · · · · 7-33

|식|
式 · · · · 3-164
息 · · · · 8-10
植 · · · · 5-215
識 · · · · 4-194
食 · · · · 1-42
飾 · · · · 1-43

|신|
伸 · · · · 3-101
信 · · · · 2-87
愼 · · · · 5-224
新 · · · · 3-113
晨 · · · · 7-13
申 · · · · 3-100
神 · · · · 3-102
臣 · · · · 3-147
身 · · · · 1-119
辛 · · · · 3-112
辰 · · · · 7-10

|실|
失 ···· 5-172
室 ···· 4-73
實 ···· 2-210

|심|
審 ···· 3-73
尋 ···· 8-228
心 ···· 1-125
深 ···· 8-26
甚 ···· 8-228
沈 ···· 4-140

|십|
十 ···· 2-46

|쌍|
雙 ···· 7-45

|씨|
氏 ···· 6-132

|아|
亞 ···· 6-130
兒 ···· 1-52
我 ···· 2-10
牙 ···· 4-14
芽 ···· 4-15
雅 ···· 4-16
餓 ···· 2-11
阿 ···· 5-65

|악|
岳 ···· 7-127
惡 ···· 6-131
樂 ···· 1-178

|안|
安 ···· 2-34
岸 ···· 1-75
案 ···· 2-35
眼 ···· 5-116
顔 ···· 4-205
雁 ···· 8-106

|알|
謁 ···· 4-75

|암|
巖 ···· 4-233
暗 ···· 1-237

|압|
壓 ···· 8-210
押 ···· 3-141

|앙|
仰 ···· 6-216
央 ···· 2-38
殃 ···· 2-39

|애|
哀 ···· 2-55
愛 ···· 2-14
涯 ···· 4-107

|액|
厄 ···· 7-137
額 ···· 3-199
液 ···· 8-145

|야|
也 ···· 7-182
夜 ···· 8-144
耶 ···· 6-146
野 ···· 5-135
揶 ···· 6-147

|약|
弱 ···· 4-79
約 ···· 3-94
若 ···· 8-66
藥 ···· 1-179
躍 ···· 6-241

|양|
壤 ···· 6-74
揚 ···· 7-25
楊 ···· 7-26
樣 ···· 8-96
洋 ···· 1-45
羊 ···· 1-44
讓 ···· 6-75
陽 ···· 7-24
養 ···· 1-46

|어|
御 ···· 8-113
於 ···· 8-243
漁 ···· 1-23
語 ···· 5-162
魚 ···· 1-22

|억|
億 ···· 7-85
憶 ···· 7-86
抑 ···· 6-218

|언|
焉 ···· 8-242
言 ···· 1-243

|엄|
嚴 ···· 4-232

|업|
業 ···· 8-232

|여|
予 ···· 5-134
余 ···· 6-106
如 ···· 6-238
汝 ···· 1-51
與 ···· 6-90
輿 ···· 6-93
餘 ···· 6-107

|역|
亦 ···· 7-116
域 ···· 6-136
役 ···· 8-59
易 ···· 7-202
疫 ···· 8-58
譯 ···· 7-75
逆 ···· 7-220
驛 ···· 7-74

|연|
宴 ···· 2-36
延 ···· 8-18
沿 ···· 5-178
演 ···· 6-149
然 ···· 2-102
煙 ···· 4-234
燃 ···· 2-103
燕 ···· 4-65
研 ···· 8-213
緣 ···· 8-187
軟 ···· 8-89
鉛 ···· 5-179
捐 ···· 6-157

|열|
悅 ···· 7-209
熱 ···· 7-241
閱 ···· 7-208

|염|
染 ···· 3-52
炎 ···· 7-88
鹽 ···· 8-35

|엽|
葉 ···· 6-98

|영|
影 ···· 7-73
映 ···· 2-40
榮 ···· 8-147
永 ···· 2-134
泳 ···· 2-135
營 ···· 8-146
英 ···· 2-41
詠 ···· 2-136
迎 ···· 6-217

|예|
藝 ···· 7-242
譽 ···· 6-91
豫 ···· 5-136
銳 ···· 7-207

|오|
五 ···· 5-159
傲 ···· 8-173
午 ···· 8-64
吾 ···· 5-160
嗚 ···· 1-35
娛 ···· 4-188
悟 ···· 5-161
汚 ···· 8-186

烏 ···· 1-34
誤 ···· 4-189
惡 ···· 6-131

|옥|
屋 ···· 8-50
獄 ···· 6-99
玉 ···· 1-130

|온|
溫 ···· 7-131
穩 ···· 6-115

|옹|
擁 ···· 6-38
翁 ···· 3-190
甕 ···· 6-39

|와|
瓦 ···· 6-37
臥 ···· 8-80

|완|
完 ···· 4-208
緩 ···· 6-225

|왈|
曰 ···· 8-81

|왕|
往 ···· 2-232
王 ···· 1-26

|외|
外 ···· 2-236
畏 ···· 3-40

|요|
搖 ···· 4-116
腰 ···· 2-29
要 ···· 2-28
謠 ···· 4-118
遙 ···· 4-117
樂 ···· 1-178
曜 ···· 6-242
堯 ···· 6-86
夭 ···· 8-46

|욕|
慾 ···· 3-237
欲 ···· 3-236
浴 ···· 2-185
辱 ···· 7-225

|용|
勇 ···· 7-96
容 ···· 1-117
庸 ···· 4-238
用 ···· 7-95
踊 ···· 7-97
傭 ···· 4-239

|우|
于 ···· 5-142
偶 ···· 4-180

優	2-13
又	1-78
友	1-79
右	2-58
宇	5-143
尤	7-171
愚	4-181
憂	2-12
牛	2-241
羽	4-177
遇	4-182
郵	6-36
雨	2-78

|운|
云	2-142
運	7-65
雲	2-143
韻	5-190

|웅|
| 雄 | 8-73 |
| 熊 | 7-199 |

|원|
元	4-206
原	4-20
員	5-188
圓	5-189
園	4-82
怨	8-75
援	6-224
源	4-21
遠	4-83
院	4-207
願	4-22

|월|
| 月 | 1-190 |
| 越 | 8-212 |

|위|
位	8-109
偉	4-52
僞	3-249
危	7-136
圍	4-56
委	2-42
威	7-163
慰	8-200
爲	3-248
緯	4-55
胃	3-138
衛	4-53
謂	3-139
違	4-54

|유|
乳	3-98
儒	7-155
唯	7-165
幼	8-108
幽	8-84
悠	7-190
惟	4-30
愈	6-208
有	1-84
柔	2-82
油	5-145
猶	3-172
由	5-144
維	3-241
裕	2-180
誘	5-140
遊	6-231
遺	7-145
酉	3-91
揄	6-209

|육|
| 肉 | 1-67 |
| 育 | 8-44 |

|윤|
| 閏 | 2-206 |
| 潤 | 2-207 |

|은|
恩	2-120
銀	8-49
隱	6-114

|을|
| 乙 | 8-239 |

|음|
吟	6-11
淫	5-9
陰	6-10
音	1-236
飮	4-41

|읍|
| 泣 | 7-191 |
| 邑 | 1-89 |

|응|
| 凝 | 8-112 |
| 應 | 5-41 |

|의|
依	1-15
儀	4-127
宜	7-44
意	7-84
疑	8-224
矣	8-243
義	4-126
衣	1-14
議	4-128
醫	8-63

|이|
二	6-28
以	8-184
夷	8-137
已	8-227

이			입			잡			재	
異	4-178		入	7-236		雜	4-237		材	5-43
移	7-181								栽	4-138
而	6-236								災	8-107
耳	1-173		자			장			裁	4-137
易	7-202		刺	8-20		丈	8-233		財	5-44
			姉	7-227		場	7-27		載	4-136
익			姿	6-31		墻	6-77			
益	2-129		子	1-54		壯	5-56		쟁	
翼	4-179		字	1-55		奬	2-113		爭	3-58
			恣	6-32		將	2-112			
인			慈	6-173		帳	1-123		저	
人	1-13		紫	5-153		張	1-124		低	4-42
仁	6-29		者	5-240		掌	3-27		底	4-43
印	8-53		自	8-8		章	4-248		抵	4-44
因	2-118		資	6-33		粧	2-193		著	5-241
姻	2-119		玆	6-172		腸	7-28		貯	2-53
寅	6-148					臟	6-47			
引	6-122		작			莊	5-57		적	
忍	2-122		作	6-220		葬	7-219		寂	4-111
認	2-123		昨	6-221		藏	6-46		摘	4-150
湮	4-235		爵	8-229		裝	5-58		敵	4-149
			酌	3-92		長	1-122		滴	4-151
일						障	4-249		的	3-93
一	8-138		잔			狀	5-59		積	7-60
日	1-68		殘	4-37		薔	6-76		籍	6-182
逸	3-213								績	7-62
			잠			재			賊	3-211
임			暫	3-124		再	8-88		赤	3-17
任	5-10		潛	6-72		哉	4-139		跡	7-117
壬	5-8		蠶	6-73		在	8-177		適	4-148
賃	5-11					宰	8-82		笛	5-148
						才	5-42		蹟	7-61

|전|
傳····3-176
全····7-237
典····5-101
前····8-227
專····3-174
展····8-207
戰····5-195
殿····8-51
田····1-195
轉····3-175
錢····4-36
電····3-104

|절|
切····7-129
折····3-86
竊····8-168
節····8-185
絕····7-177

|점|
占····2-238
店····2-239
漸····3-125
點····2-240

|접|
接····3-117
蝶····6-96

|정|
丁····2-50
井····6-244
亭····2-56
停····2-57
定····2-200
庭····5-13
廷····5-12
征····2-198
情····3-38
政····2-197
整····2-199
正····2-196
淨····3-59
程····5-15
精····3-39
訂····2-51
貞····6-140
靜····3-60
頂····2-52
呈····5-14
偵····6-141

|제|
制····5-92
堤····7-34
帝····8-178
弟····6-142
提····7-35
濟····5-249
祭····3-14
第····6-143

製····5-93
諸····5-242
除····6-109
際····3-15
題····7-36
齊····5-248

|조|
兆····2-124
助····7-42
弔····8-93
操····1-199
早····2-168
朝····6-160
條····7-189
潮····6-161
照····2-89
燥····1-198
祖····7-41
租····7-43
組····7-40
調····5-80
造····3-146
鳥····1-32

|족|
族····6-223
足····2-104

|존|
存····8-176
尊····3-170

|졸|
卒····7-248
拙····5-208

|종|
宗····7-196
從····3-80
種····3-233
終····5-165
縱····3-81
鐘····5-151

|좌|
佐····3-243
坐····1-108
左····3-242
座····1-109

|죄|
罪····5-247

|주|
主····2-228
住····2-231
周····5-78
奏····8-195
宙····5-147
州····2-44
晝····2-165
朱····5-118
柱····2-230
株····5-120

注 2-229	曾 2-94	|진|	此 5-152
洲 2-45	症 2-201	振 7-12	車 1-100
珠 5-119	蒸 6-205	珍 6-63	茶 8-179
舟 3-62	證 6-24	盡 3-179	
走 2-83	贈 2-97	眞 5-222	|착|
酒 5-158		辰 7-10	捉 3-169
鑄 5-157	|지|	進 5-49	着 6-64
週 5-79	之 8-121	鎭 5-223	錯 6-183
廚 6-117	只 8-235	陣 4-27	
	地 7-183	陳 4-26	|찬|
|죽|	志 2-152	震 7-11	讚 4-221
竹 1-48	持 6-82	診 6-62	贊 4-220
	指 2-91		
|준|	支 1-86	|질|	|찰|
俊 7-80	智 4-29	姪 2-73	察 3-16
準 4-242	枝 1-87	疾 2-202	
遵 3-171	止 1-114	秩 5-173	|참|
竣 7-81	池 7-184	質 5-77	參 5-174
	知 4-28		慘 5-175
|중|	紙 6-133	|집|	慙 3-123
中 2-106	至 2-72	執 6-202	斬 3-122
仲 2-107	誌 2-153	集 4-236	
衆 7-149	遲 8-164		|창|
重 3-232	識 4-194	|징|	倉 1-216
	旨 2-90	徵 6-174	創 1-217
|즉|		懲 6-175	唱 1-169
卽 2-21	|직|		昌 1-168
則 1-180	直 5-214	|차|	暢 7-30
	織 4-192	且 7-38	窓 8-198
|증|	職 4-193	借 6-184	蒼 1-218
增 2-96		差 6-65	
憎 2-95		次 6-30	

채
債 ···· 7-59
彩 ···· 3-56
採 ···· 3-54
菜 ···· 3-55

책
册 ···· 2-141
策 ···· 8-21
責 ···· 7-58

처
妻 ···· 5-81
處 ···· 7-245

척
尺 ···· 8-233
戚 ···· 8-174
拓 ···· 2-175
斥 ···· 7-134

천
千 ···· 8-226
天 ···· 2-121
川 ···· 2-43
泉 ···· 4-18
淺 ···· 4-40
薦 ···· 8-100
賤 ···· 4-38
踐 ···· 4-39
遷 ···· 8-188

철
哲 ···· 3-87
徹 ···· 6-121
鐵 ···· 8-221
撤 ···· 6-120

첨
尖 ···· 6-235
添 ···· 8-196

첩
妾 ···· 3-116
諜 ···· 6-97

청
廳 ···· 5-219
晴 ···· 3-35
淸 ···· 3-36
聽 ···· 5-218
請 ···· 3-37
靑 ···· 3-34

체
替 ···· 3-78
滯 ···· 7-139
逮 ···· 8-38
遞 ···· 7-111
體 ···· 7-213
切 ···· 7-129

초
初 ···· 2-30
抄 ···· 3-108
招 ···· 2-85
礎 ···· 5-235
秒 ···· 3-109
肖 ···· 2-182
草 ···· 2-169
超 ···· 2-86
楚 ···· 5-234

촉
促 ···· 2-105
燭 ···· 5-227
觸 ···· 5-228
蜀 ···· 5-226

촌
寸 ···· 1-82
村 ···· 1-83

총
總 ···· 4-158
聰 ···· 4-159
銃 ···· 5-203

최
催 ···· 6-41
最 ···· 2-132
崔 ···· 6-40

추
抽 ···· 5-146
推 ···· 3-218
秋 ···· 1-248
追 ···· 2-247
醜 ···· 4-99

축
丑 ···· 8-241
畜 ···· 5-154
祝 ···· 2-140
築 ···· 1-49
縮 ···· 4-33
蓄 ···· 5-155
逐 ···· 6-25
蹴 ···· 7-173

춘
春 ···· 8-211

출
出 ···· 5-206

충
充 ···· 5-202
忠 ···· 2-108
蟲 ···· 7-51
衝 ···· 3-234

취
取 ···· 2-130
吹 ···· 8-111
就 ···· 7-172
臭 ···· 8-9
趣 ···· 2-131

醉	7-249

|측|
| 側 | 1-181 |
| 測 | 1-182 |

|층|
| 層 | 2-99 |

|치|
值	5-217
恥	2-145
治	7-50
置	5-216
致	8-105
齒	1-116
稚	3-219

|칙|
| 則 | 1-180 |

|친|
| 親 | 3-114 |

|칠|
| 七 | 7-128 |
| 漆 | 8-85 |

|침|
侵	4-66
寢	4-68
枕	4-141

沈	4-140
浸	4-67
針	8-92

|칭|
| 稱 | 8-135 |

|쾌|
| 快 | 2-71 |

|타|
他	7-185
墮	4-112
妥	7-52
打	2-54
惰	4-113

|탁|
卓	8-231
托	4-78
濁	5-231
濯	6-240
拓	2-175
託	4-77

|탄|
彈	5-193
歎	4-202
炭	5-45
誕	8-19

|탈|
奪	7-122
脫	7-205

|탐|
| 探 | 8-27 |
| 貪 | 6-13 |

|탑|
| 塔 | 3-128 |

|탕|
| 湯 | 7-29 |
| 糖 | 6-127 |

|태|
太	8-136
怠	7-48
態	7-200
殆	7-47
泰	8-194
胎	7-46
兌	7-204

|택|
宅	4-76
擇	7-77
澤	7-76

|토|
| 吐 | 1-11 |
| 土 | 1-10 |

討	8-83
兎	3-212

|통|
痛	7-99
統	5-204
通	7-98
洞	5-47

|퇴|
| 退 | 8-48 |

|투|
投	8-62
透	5-139
鬪	6-20

|특|
| 特 | 6-84 |

|파|
把	3-167
播	3-72
波	1-163
派	8-14
破	1-162
罷	7-201
頗	1-164
巴	3-166

|판|
| 判 | 1-225 |

板 1-214	閉 6-68		피		限 5-114
版 1-215		彼 1-161	韓 6-166
販 1-213		포		疲 1-159	翰 6-165
	包 1-146	皮 1-158	
|팔|	布 2-203	被 1-160	|할|
八 1-95	抱 1-148	避 6-234	割 8-155
	捕 7-109		
|패|	浦 7-110	|필|	|함|
敗 1-31	胞 1-149	匹 8-229	含 6-12
貝 1-30	飽 1-150	必 7-132	咸 5-70
	暴 4-174	畢 8-236	陷 7-233
	팽		砲 1-147	筆 2-211	
烹 6-195				합	
	|폭|	|하|	合 3-126
	편		幅 3-181	下 8-71	
便 5-198	暴 4-174	何 5-62		항	
偏 4-213	爆 4-175	夏 8-90	巷 4-172
片 1-209		河 5-64	恒 7-161
篇 4-210		표		荷 5-63	抗 4-47
編 4-211	標 4-98	賀 3-240	港 4-173
遍 4-212	漂 4-97		航 4-46
	票 4-96		학		項 4-195
	평		表 8-171	學 4-84	降 8-161
平 2-194		鶴 3-228	行 3-230
評 2-195		품			
	品 1-12	|한|	|해|
	폐			寒 7-156	亥 5-210
幣 2-115		풍		恨 5-115	奚 7-92
廢 7-175	豊 7-212	旱 1-74	害 8-154
弊 2-114	風 5-122	汗 1-73	海 3-208
肺 7-228	楓 5-123	漢 4-200	解 5-239
蔽 2-116		閑 1-242	該 5-211

|핵|
核 ····· 5-212

|행|
幸 ····· 6-123
行 ····· 3-230

|향|
享 ····· 6-196
向 ····· 8-122
鄕 ····· 2-22
響 ····· 2-23
香 ····· 8-120

|허|
虛 ····· 3-142
許 ····· 8-65

|헌|
憲 ····· 8-156
獻 ····· 8-79
軒 ····· 8-132

|험|
險 ····· 4-63
驗 ····· 4-64

|혁|
革 ····· 2-189

|현|
懸 ····· 3-137
玄 ····· 5-86
現 ····· 1-133
絃 ····· 5-87
縣 ····· 3-136
賢 ····· 4-87
顯 ····· 8-69
見 ····· 1-132

|혈|
穴 ····· 1-118
血 ····· 7-148

|혐|
嫌 ····· 2-161

|협|
協 ····· 2-48
脅 ····· 2-49

|형|
亨 ····· 6-194
兄 ····· 2-138
刑 ····· 4-34
形 ····· 4-35
螢 ····· 8-148
衡 ····· 3-231

|혜|
兮 ····· 8-244
惠 ····· 3-178
慧 ····· 6-177
彗 ····· 6-176

|호|
乎 ····· 5-54
互 ····· 8-119
呼 ····· 5-55
好 ····· 1-56
戶 ····· 3-41
毫 ····· 5-201
浩 ····· 3-145
湖 ····· 5-37
胡 ····· 5-36
虎 ····· 1-18
號 ····· 1-19
護 ····· 6-230
豪 ····· 5-200

|혹|
惑 ····· 6-135
或 ····· 6-134

|혼|
昏 ····· 5-94
婚 ····· 5-95
混 ····· 6-43
魂 ····· 2-144

|홀|
忽 ····· 2-244

|홍|
弘 ····· 4-209
洪 ····· 4-171
紅 ····· 3-160
鴻 ····· 3-161

|화|
化 ····· 1-140
和 ····· 1-39
火 ····· 1-80
畫 ····· 7-120
禍 ····· 4-81
禾 ····· 1-38
花 ····· 1-142
華 ····· 7-57
話 ····· 7-224
貨 ····· 1-141

|확|
擴 ····· 2-174
確 ····· 3-229
穫 ····· 6-229

|환|
丸 ····· 6-199
患 ····· 8-78
換 ····· 6-118
歡 ····· 3-225
環 ····· 4-156
還 ····· 4-157
喚 ····· 6-119

|활|
活 ····· 7-223

|황|
況 ···· 2-139
皇 ···· 1-28
荒 ···· 8-222
黃 ···· 2-170

|회|
回 ···· 1-20
悔 ···· 3-210
懷 ···· 4-191
會 ···· 3-191
灰 ···· 1-81

|획|
劃 ···· 7-121
獲 ···· 6-228

|횡|
橫 ···· 2-171

|효|
孝 ···· 6-178
效 ···· 1-208
曉 ···· 6-87

|후|
侯 ···· 6-44
候 ···· 6-45
厚 ···· 8-175
後 ···· 7-244

|훈|
訓 ···· 6-211

|훼|
毁 ···· 7-232

|휘|
揮 ···· 7-66
輝 ···· 7-67

|휴|
休 ···· 1-76
携 ···· 8-167

|흉|
凶 ···· 1-176
胸 ···· 1-177

|흑|
黑 ···· 2-237

|흡|
吸 ···· 5-76

|흥|
興 ···· 6-94

|희|
喜 ···· 8-43
希 ···· 2-204
戲 ···· 3-143
稀 ···· 2-205

273

· 부수 찾아보기 ·

부수는 옥편에서 한자를 찾기 위한 길라잡이 역할을 합니다. 또한 한자에서 뜻을 나타내는 부분은 대개 부수에 해당됩니다
우리가 잘 알고 있는 '물 수(水)', '흙 토(土)' 등이 이러한 부수에 해당됩니다.
그러나 아무런 뜻 없이 한자 형태의 일부로만 쓰이는 부수도 있습니다. 예를 들어 '돼지 해(亥)' 자의 머리 부분에 있는 부수 亠는 '돼지 해머리'로 부르나 아무 뜻도 지니지 않습니다.
한자 책들마다 부수 명칭이 조금씩 다르므로 이 책에서는 전국한자교육추진총연합회에서 제시한 부수 명칭을 인용하였습니다.

※ 찾아보기에서 부수 한자 옆의 숫자는 해당 한자가 수록된 권과 페이지 표시입니다. 이 책들에 실리지 않은 부수는 표시하지 않았습니다.

· 1획 ·

- 一 한 일 ····· 8-138
- 丨 위아래 통할 곤
- 丶 심지 주
- 丿 좌로 삐칠 별
- 乙 새 을 ····· 8-239
- 亅 갈고리 궐

· 2획 ·

- 二 두 이 ····· 6-28
- 亠 돼지해머리 두
- 人 사람 인 ····· 1-13
- 儿 밑 사람 인 ····· 4-243
- 入 들 입 ····· 7-236
- 八 여덟 팔 ····· 1-95
- 冂 멀 경
- 冖 덮을 멱 ····· 6-69
- 冫 얼음 빙 ····· 4-23
- 卩 안석 궤 ····· 7-234
- 凵 입 벌릴 감
- 刀 칼 도 ····· 1-66
- 力 힘 력 ····· 2-47
- 勹 쌀 포 ····· 1-145
- 匕 비수 비 ····· 1-187
- 匚 상자 방 ····· 1-111
- 匸 감출 혜 ····· 1-111
- 十 열 십 ····· 2-46
- 卜 점 복 ····· 2-234
- 卩 병부 절
- 厂 언덕 엄 ····· 1-69
- 厶 옛 사사로울 사 ····· 3-184
- 又 또 우 ····· 1-78

· 3획 ·

- 口 입 구 ····· 1-9
- 囗 에울 위 ····· 2-117
- 土 흙 토 ····· 1-10
- 士 선비 사 ····· 2-148
- 夂 뒤져올 치 ····· 7-243
- 夊 천천히 걸을 쇠 ····· 7-243
- 夕 저녁 석 ····· 1-229
- 大 큰 대 ····· 2-110
- 女 계집 녀 ····· 1-50
- 子 아들 자 ····· 1-54
- 宀 집 면 ····· 1-53
- 寸 마디 촌 ····· 1-82
- 小 작을 소 ····· 2-181
- 尢 절름발이 왕 ····· 7-170
- 尸 주검 시 ····· 3-119
- 屮 왼손 좌
- 山 뫼 산 ····· 1-16
- 川, 巛 내 천 ····· 2-43
- 工 장인 공 ····· 3-154
- 己 몸 기 ····· 2-220
- 巾 수건 건 ····· 1-41
- 干 방패 간 ····· 1-70
- 幺 작을 요 ····· 3-131
- 广 바윗집 엄 ····· 1-107
- 廴 길게 걸을 인 ····· 2-154
- 廾 받들 공 ····· 2-15
- 弋 주살 익 ····· 3-163
- 弓 활 궁 ····· 1-120
- 彐 돼지머리 계
- 彡 무늬 삼 ····· 3-57
- 彳 조금 걸을 척 ····· 1-105

· 4획 ·

- 心 마음 심 ····· 1-125
- 戈 창 과 ····· 2-8
- 戶 지게 호 ····· 3-41
- 手 손 수 ····· 1-85
- 支 지탱할 지 ····· 1-86
- 攵(攴) 칠 복 ····· 1-29
- 文 글월 문 ····· 5-236
- 斗 말 두 ····· 1-37

斤 날 근 …… 1-58
方 모 방 …… 3-42
无 없을 무
日 날 일 …… 1-68
曰 가로 왈 …… 8-81
月 달 월 …… 1-190
木 나무 목 …… 1-47
欠 하품 흠 …… 3-223
止 그칠 지 …… 1-114
歹 살 발린 뼈 알 …… 2-37
殳 창 수 …… 3-63
毋 말 무
比 견줄 비 …… 1-136
毛 터럭 모 …… 3-120
氏 각시 씨 …… 6-132
气 기운 기 …… 1-63
水 물 수 …… 1-21
火 불 화 …… 1-80
爪 손톱 조 …… 3-53
父 아비 부 …… 1-24
爻 점괘 효
爿 장수 장 …… 2-111
片 조각 편 …… 1-209
牙 어금니 아 …… 4-14
牛 소 우 …… 2-241

犬 개 견 …… 1-25
辶 쉬엄쉬엄 갈 착 …… 1-57

· 5획 ·

玄 검을 현 …… 5-86
玉 구슬 옥 …… 1-130
瓜 오이 과 …… 2-92
瓦 기와 와 …… 6-37
甘 달 감 …… 2-215
生 날 생 …… 1-126
用 쓸 용 …… 7-95
田 밭 전 …… 1-195
疋 필 필 …… 5-233
疒 병 질 …… 1-157
癶 걸음 발
白 흰 백 …… 3-28
皮 가죽 피 …… 1-158
皿 그릇 명 …… 1-191
目 눈 목 …… 1-131
矛 창 모 …… 2-79
矢 화살 시 …… 2-59
石 돌 석 …… 1-144
示 보일 시 …… 1-134
禸 짐승 발자국 유
禾 벼 화 …… 1-38

穴 구멍 혈 …… 1-118
立 설 립 …… 7-79

· 6획 ·

竹 대 죽 …… 1-48
米 쌀 미 …… 1-60
糸 실 사 …… 1-94
缶 장군 부 …… 2-67
网 그물 망 …… 5-25
羊 양 양 …… 1-44
羽 깃 우 …… 4-177
老 늙을 로 …… 6-167
而 말 이을 이 …… 6-236
耒 쟁기 뢰 …… 6-179
耳 귀 이 …… 1-173
聿 붓 율 …… 2-155
肉 고기 육 …… 1-67
臣 신하 신 …… 3-147
自 스스로 자 …… 8-8
至 이를 지 …… 2-72
臼 절구 구 …… 7-229
舌 혀 설 …… 7-222
舛 어그러질 천 …… 4-11
舟 배 주 …… 3-62

277

艮 머무를 간 ····· 5-112
色 빛 색 ····· 7-176
艸 풀 초 ····· 1-143
虍 호랑이무늬 호
虫 벌레 충 ····· 4-129
血 피 혈 ····· 7-148
行 다닐 행 ····· 3-230
衣 옷 의 ····· 1-14
襾 덮을 아 ····· 4-89

· 7획 ·

見 볼 견 ····· 1-132
角 뿔 각 ····· 5-225
言 말씀 언 ····· 1-243
谷 골 곡 ····· 1-240
豆 콩 두 ····· 6-18
豕 돼지 시 ····· 5-199
豸 맹수 치 ····· 5-111
貝 조개 패 ····· 1-30
赤 붉을 적 ····· 3-17
走 달아날 주 ····· 2-83
足 발 족 ····· 2-104
身 몸 신 ····· 1-119
車 수레 거 ····· 1-100
辛 매울 신 ····· 3-112

辰 별 진 ····· 7-10
邑 고을 읍 ····· 1-89
酉 닭 유 ····· 3-91
釆 분별할 변 ····· 3-69
里 마을 리 ····· 5-108

· 8획 ·

金 쇠 금 ····· 1-228
長 긴 장 ····· 1-122
門 문 문 ····· 1-170
阜 언덕 부 ····· 2-246
隶 미칠 이 ····· 8-37
隹 새 추 ····· 3-217
雨 비 우 ····· 2-78
靑 푸를 청 ····· 3-34
非 아닐 비 ····· 3-82

· 9획 ·

面 얼굴 면 ····· 4-69
革 가죽 혁 ····· 2-189
韋 다룸가죽 위
韭 부추 구 ····· 8-158
音 소리 음 ····· 1-236
頁 머리 혈 ····· 1-165
風 바람 풍 ····· 5-122

飛 날 비 ····· 3-68
食 밥 식 ····· 1-42
首 머리 수 ····· 2-31
香 향기 향 ····· 8-120

· 10획 ·

馬 말 마 ····· 1-110
骨 뼈 골 ····· 7-211
高 높을 고 ····· 1-152
髟 머리털 날릴 표 ····· 4-49
鬥 싸울 투 ····· 6-21
鬯 술 창
鬲 솥 력 ····· 6-206
鬼 귀신 귀 ····· 1-154

· 11획 ·

魚 물고기 어 ····· 1-22
鳥 새 조 ····· 1-32
鹵 소금밭 로 ····· 8-34
鹿 사슴 록 ····· 6-246
麥 보리 맥 ····· 8-234
麻 삼 마 ····· 1-234

· 12획 ·

黃 누를 황 ····· 2-170

黍 기장 서

黑 검은 흙 ····· 2-237

黹 바느질할 치

· 13획 ·

黽 맹꽁이 맹

鼎 솥 정

鼓 북 고 ····· 8-42

鼠 쥐 서

· 14획 ·

鼻 코 비 ····· 8-11

齊 가지런할 제 ····· 5-248

· 15획 ·

齒 이 치 ····· 1-116

· 16획 ·

龍 용 용 ····· 7-216

龜 거북 귀 ····· 3-135

· 17획 ·

龠 피리 약

날로먹는 漢字 ❷

초판 1쇄 발행 | 2010년 9월 1일

지은이 | 원종호
그린이 | 김복태
발행인 | 김태진 승영란
디자인 | 디자인붐
마케팅 | 함송이
경영관리 | 이나영
펴낸곳 | 에디터
주소 | 서울특별시 마포구 공덕동 105-219 정화빌딩 3층
문의 | 02-753-2700, 2778 FAX 02-753-2779
등록 | 1991년 6월 18일 제313-1991-74호

값은 뒤표지에 있습니다
ISBN 978-89-92037-58-7 14700
     978-89-92037-65-5 (전8권)

ⓒ 원종호, 2010

이 책은 에디터와 저작권자와의 계약에 따라 발행한 것이므로
본사의 서면 허락 없이는 어떠한 형태나 수단으로도 이 책의 내용을 이용하지 못합니다.

※잘못된 책은 구입하신 곳에서 바꾸어 드립니다.